え？ マヤのピラミッドは
真っ赤だったんですか⁉

知られざるマヤ文明ライフ

著者 譽田亜紀子
イラスト スソアキコ
監修 寺崎秀一郎
（早稲田大学教授）

誠文堂新光社

はじめに

ここ数年、『知られざる縄文ライフ』をはじめとして、『知られざる弥生ライフ』や『知られざる古墳ライフ』、これら以外にも日本の先史時代について、あれこれ書いてきました。当時の人たちが文字資料として書き残していない時代に、非常に関心があったからです。ですから、

「そんな人が、いきなり古代マヤ文明を書くの!?」

と思われた方もいらっしゃるかもしれません。しかしこれは、私の中では当

私
マヤ書くわ
ガタン
ヨロッ

然の流れでした。

　というのも、私がマヤ文明に興味を持ったのは、小学生の頃。縄文時代を学び始めるよりずっと前に、古代マヤ文明の不思議さや、現代人でもなし得ないような高度な文明に魅了されていたのです。時代だったのか「世界の七不思議」をテーマにテレビ番組が盛んに作られ、それを食い入るように見ていたことを覚えています。といっても、当時テレビでは**「古代マヤ文明は宇宙人が作った」**とか**「古代マヤ人は宇宙人と交信していた」**など、どちらかといえば**キワモノ**扱い。今から考えればこれは非常に失礼

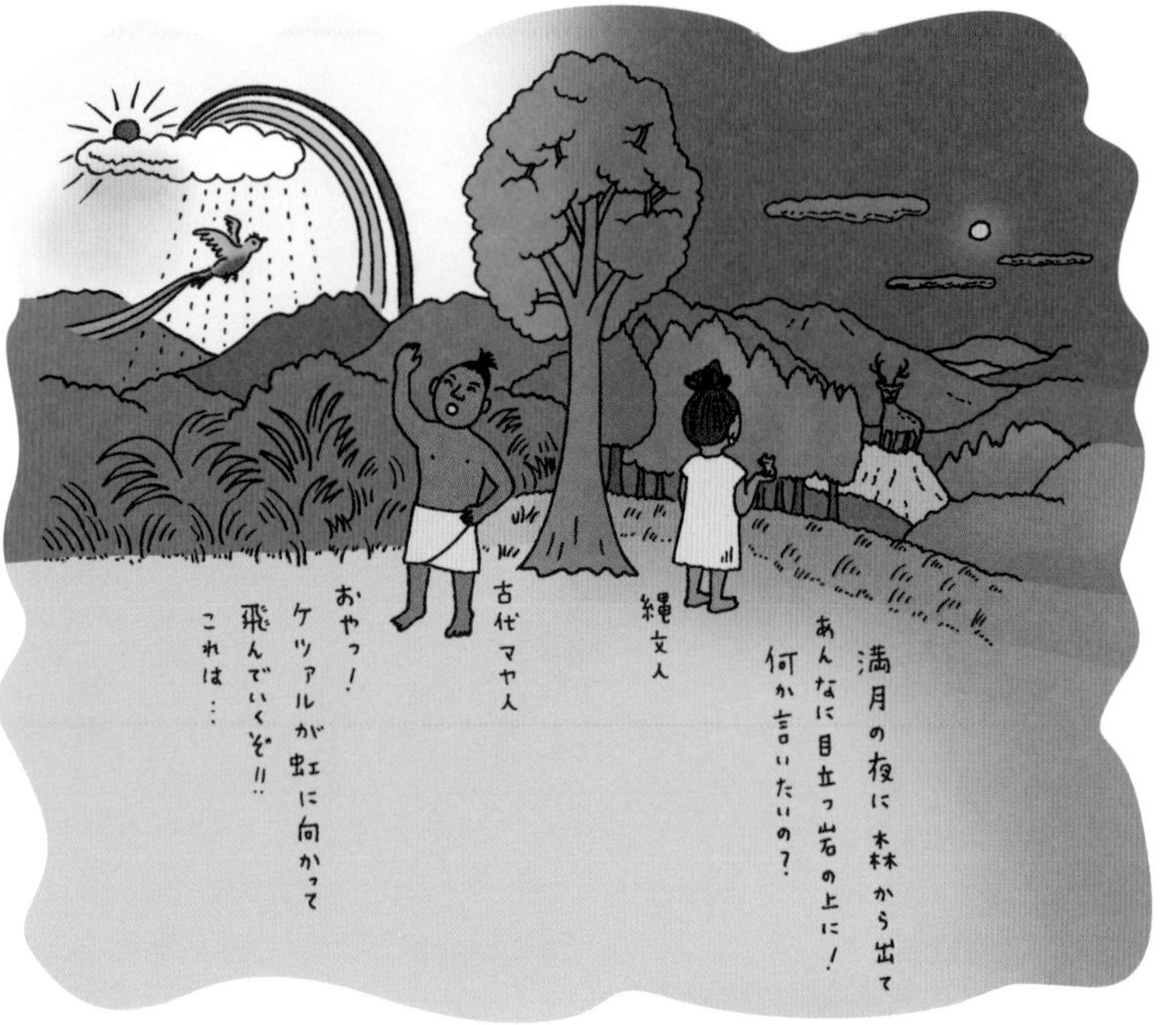
満月の夜に 林から出て
あんなに目立つ岩の上に!
何か言いたいの?
縄文人
古代マヤ人
おやっ!
ケツアルが虹に向かって
飛んでいくぞ!!
これは…

な話です。しかし現代人からすれば到底理解できないほど彼らの文明が驚異的に発達したものであり、それを説明するには**宇宙人を持ち出すしかない**、ということだったのだと思います。

　そうして時は流れ、私は縄文時代へとたどり着きました。あれこれ縄文時代を知り、自分なりに考えるうちに

「あれ？ あらゆるものに魂（霊力ともいう）が宿るって感覚、マヤの人たちも同じだったんじゃないか？」

と思うようになったのです。つまり縄文人と古代マヤ人には共通するものが

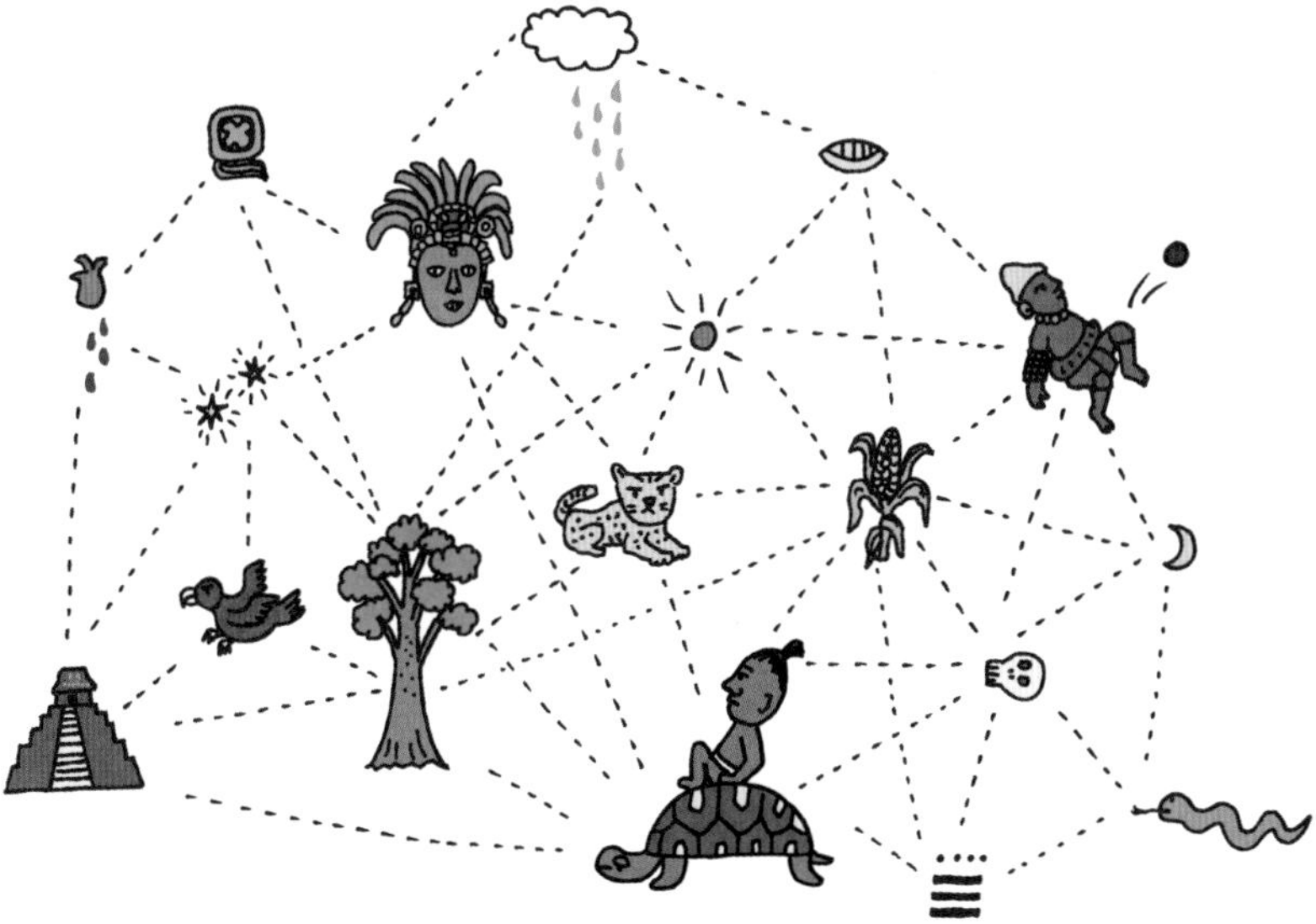

あるのではないかと。両者は古モンゴロイドであり、そのDNAには共通する感覚が刷り込まれているのではないかと思うまでになったのです。これは単に私の妄想でしかなかったのですが、縄文時代について学んだからこそ、小学生の頃に魅了された古代マヤ文明のことを改めて「ちゃんと知りたい」と思うようになりました。

実際、いろいろと知るうちに、私は古代マヤの世界観に魅了されました。彼らは世界を、神さまはもとより、自然と人間、動物、そして宇宙や地下の世界も含めて、ありとあらゆるものが有機的につながったものとして見ていたように感じられ、興味を駆り立てられました。

本書では、そんなマヤの世界について、王さまの暮らしから庶民の生活に至るまで、**古代マヤ人たちの日常**に迫りました。

どんな環境で暮らし、何を食べて、どんなものを着ていたのか。どんな儀式を行い、何を大事にしていたのかなど、まるでお隣りに古代マヤ人がいて「あ、それはこういうことだよ」と気軽に教えてくれるような感覚で読んでいただけるはずです。

私と同じように、「マヤ文明には興味があるけれど、詳しくは知らない」という方、そして「マヤ文明は宇宙人が作ったんでしょ？」「マヤ暦は好きだけれど、マヤ人の暮らしは知らないかも」という方たちにこそ読んでいただきたい、古代マヤ文明の世界がスッとわかる内容になっています。

古代マヤ文明への時空旅行の準備はすでに整っています。

さあ、今から私と共に古代マヤへと旅に出ることにいたしましょう。

もくじ

3章 王の役割と農民の日常 53

4章 マヤ文明を形作るもの 75

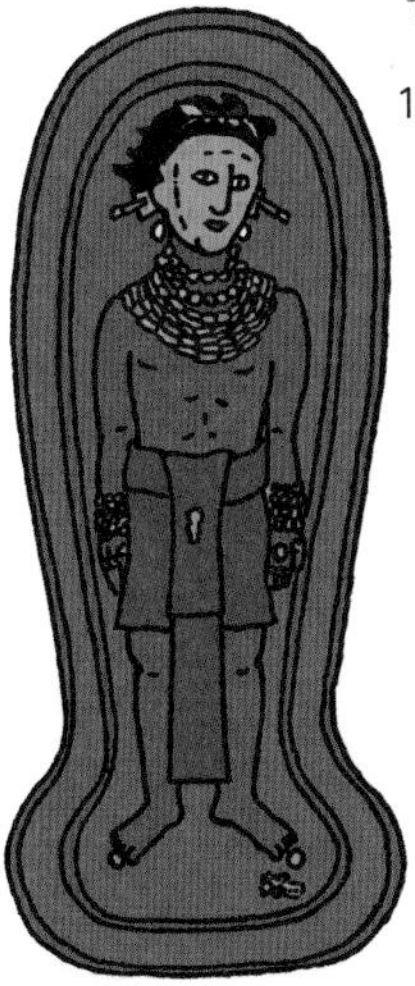

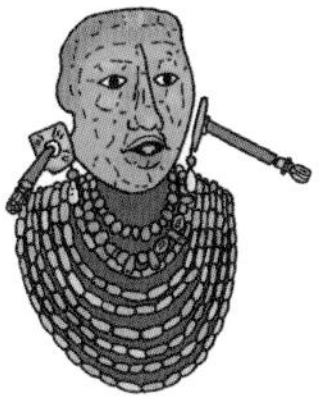

知られざるマヤ文明 1章

ようこそマヤ・ワールドへ！

マヤ文明の基礎知識

カカオドリンクのおかげねっ
シュッとしてるな〜

マヤ文明はメソアメリカにあり！

マヤ文明は単独で興ったのではなく、メソアメリカという文明圏の中で成り立った文明でした。

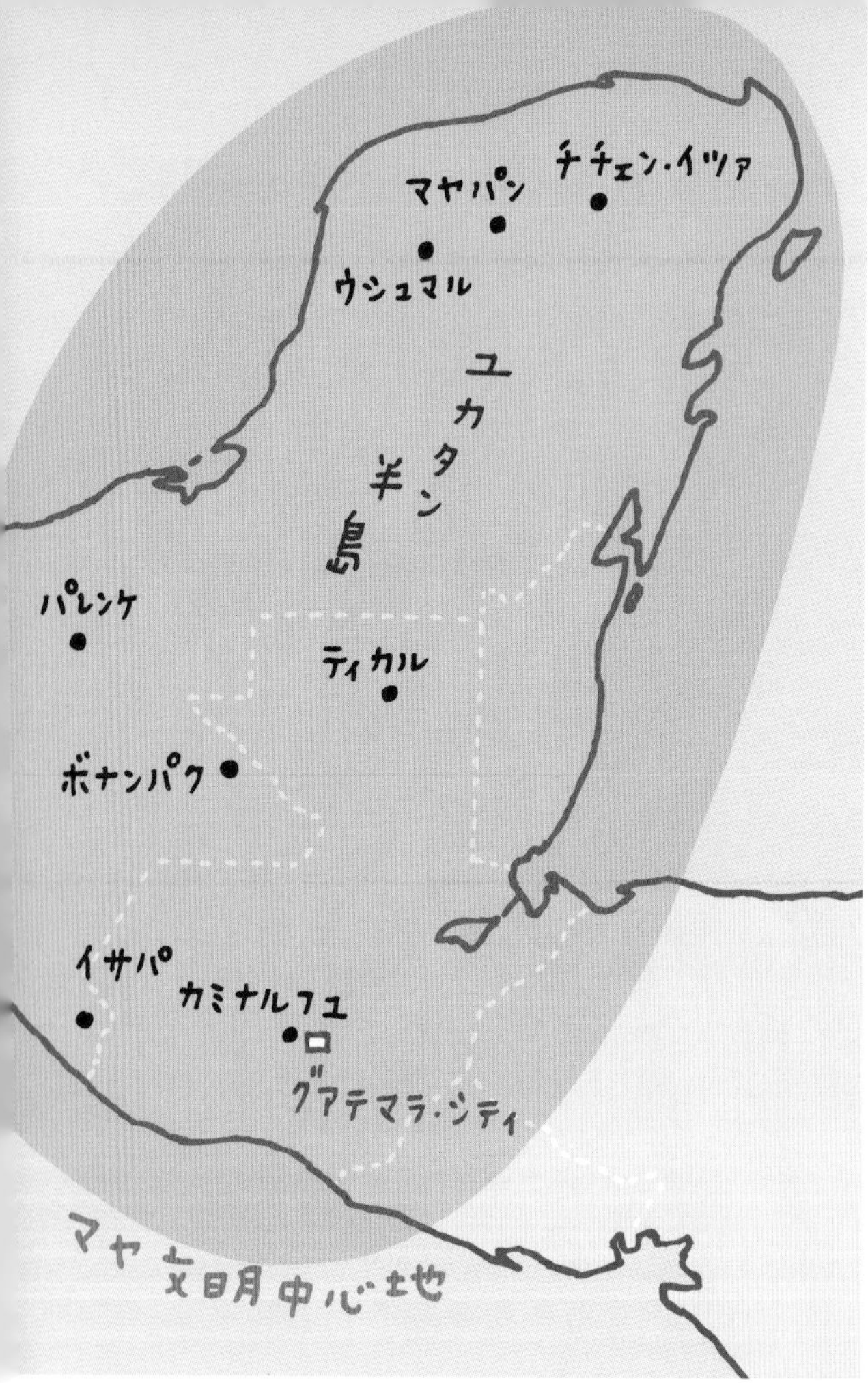

マヤ文明の本だというのに、いきなり「メソアメリカ」という聞きなれない言葉が出てきて驚いたかもしれません。

しかし、マヤ文明を知るにはメソアメリカを知ることが鍵となります。

メキシコ南部からグアテマラ、ベリーズ、エルサルバドルの全域、ホンジュラス、ニカラグア、コスタリカの一部を含む、中部アメリカで興った古代都市文明圏をメソアメリカといいます。メソアメリカの中で特に有名な文明といえばマヤ文明とアステカ文明ですが、それ以外にも、14ページで紹介するオルメカ文明など、メソアメリカにはいくつかの文明が存在していました。

マヤ文明とアステカ文明には直接的な関係はなかったものの、メソアメリ

マヤ文明はメソアメリカで発展しました

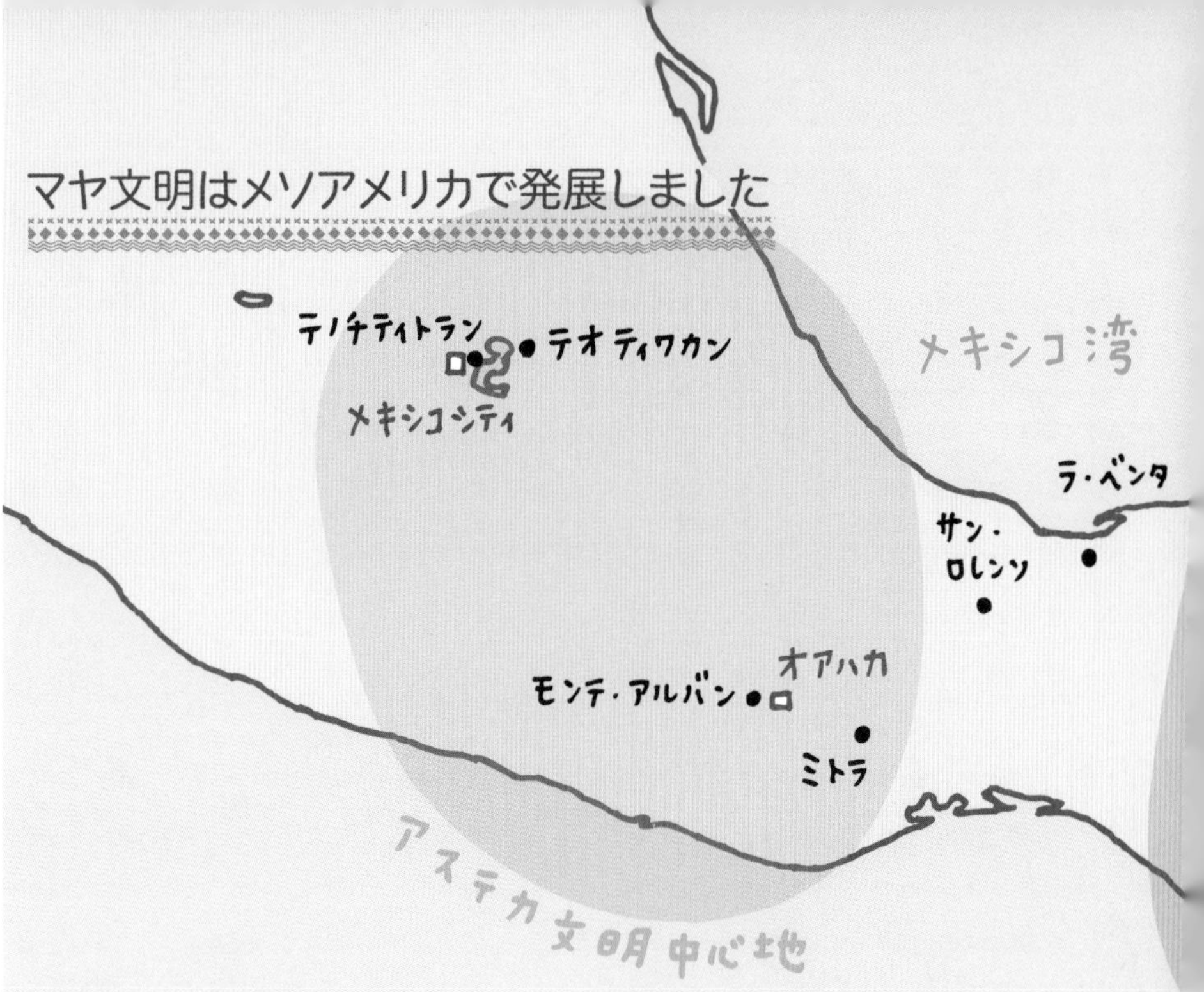

マヤ文明とアステカ文明はメソアメリカの文明としてよく一緒に登場するが、マヤ文明とアステカ文明は別のもの。アステカは13世紀に打ち立てられたひとつの王国であり、2000年にわたり諸集団によって展開されたマヤ文明とはほとんど関係がないとされている。

メソアメリカはこのあたり

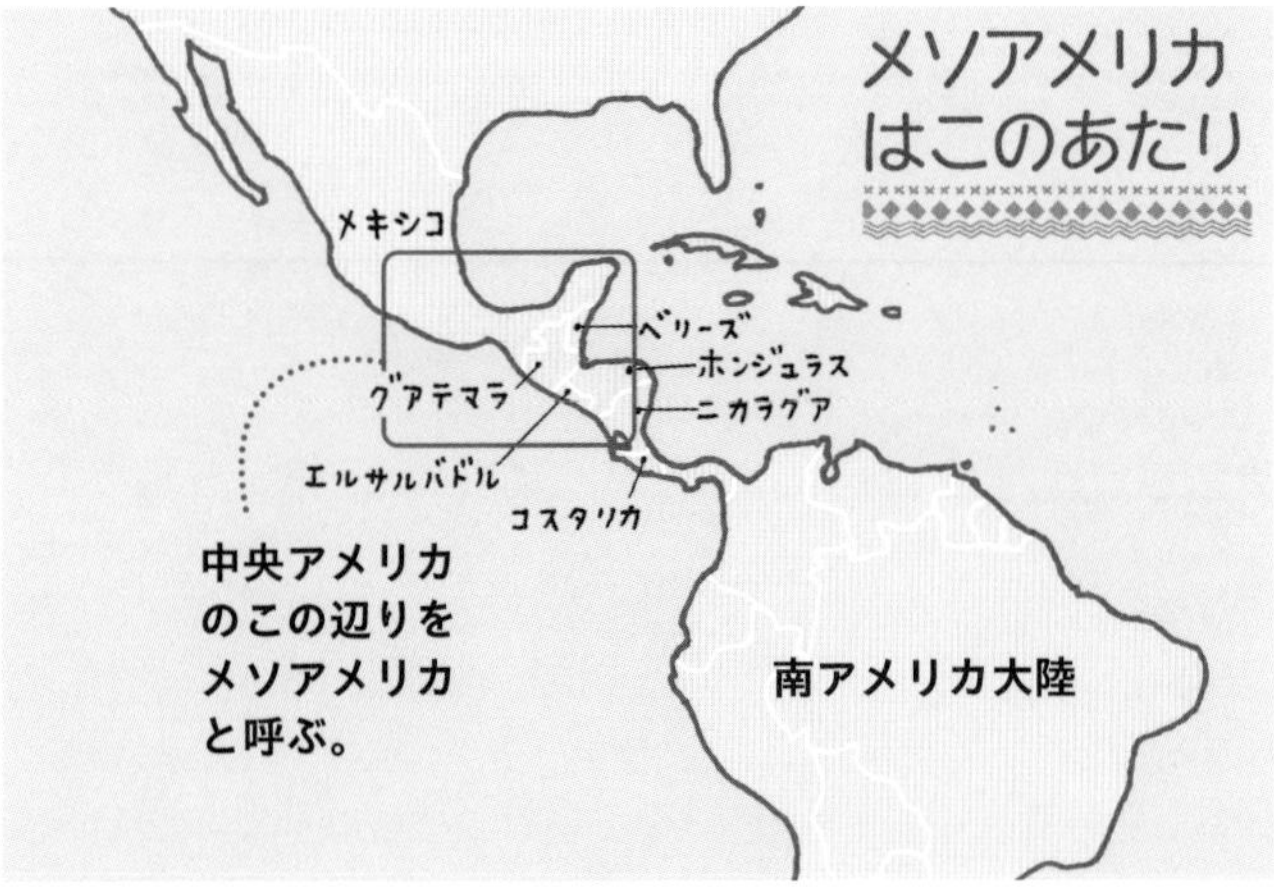

カの各文明は、各地に興った都市同士が交流することで発展していきました。お互いに文化芸術思想はもとより、経済的にも多大な影響を与え合いながら存在したのです。

そのことを示す例として、マヤ文明にも大きな影響を与えたオルメカ文明について紹介します。

みなさんの中に、巨石人頭像といわれる、巨石に人の顔を彫った像を写真などで見たことがある人もいるかもしれません。これはオルメカ文明が栄えた地域で作られたものです。オルメカ文明の文字、暦、芸術などは、マヤ文明をはじめ後のメソアメリカの文明形成に大きく影響しました。そのようなつながりからオルメカ文明は「マザーカルチャー（母文化）」と呼ばれたり、またオルメカ文明自体も周辺の地域から影響を受けていたことから「シスターカルチャー（姉妹文化）」と呼ばれたりしています。

かつて、マヤ文明は突如密林の中に興った文明とされた時代がありましたが、そうではなく、メソアメリカの歴史の中で、他の地域との交流によって興り、発展した文明だったのです。

マヤのシスター・オルメカ文明

オルメカ文明には、頭蓋変形（p.24）やジャガー信仰（p.134）、放血の儀礼（p.60）、ヒスイを大事にする（p.68）、球技を行う（p.92）など、マヤ文明に共通することがたくさんある。

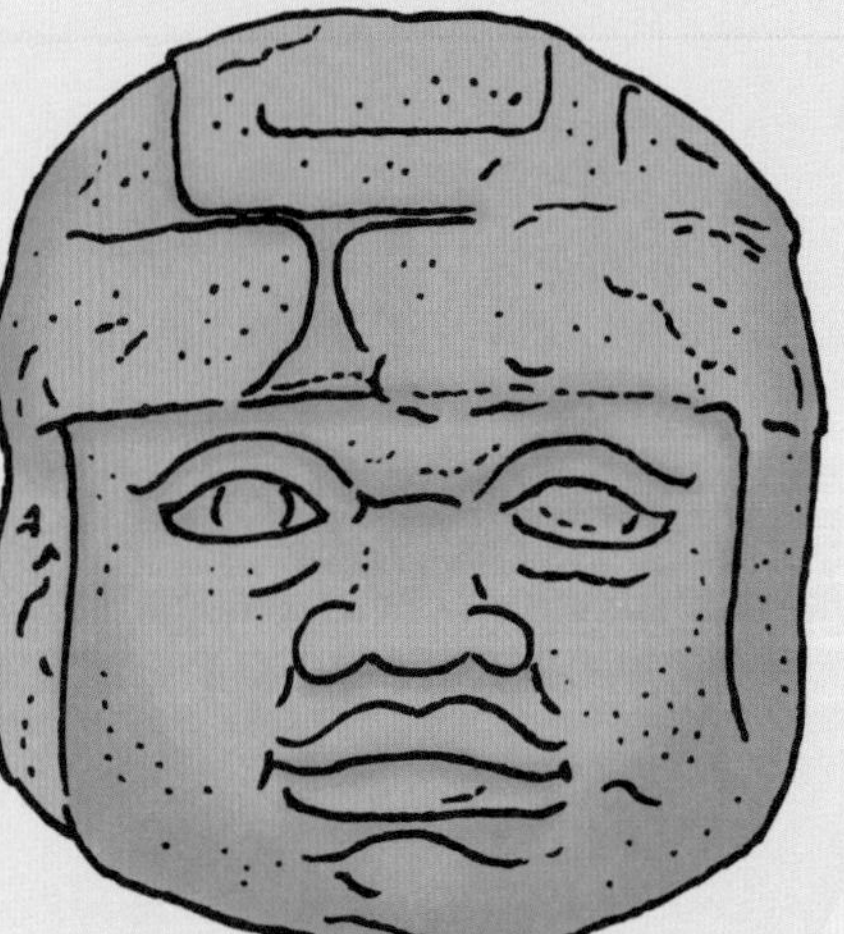

巨石人頭像

ラ・ベンタ遺跡で発見された巨石人頭像。オルメカの地域では17体発見されている。大きな目と平たい鼻、分厚い唇が特徴。

『古代メキシコ・オルメカ文明展　マヤへの道』（京都府京都文化博物館）をもとに作画。

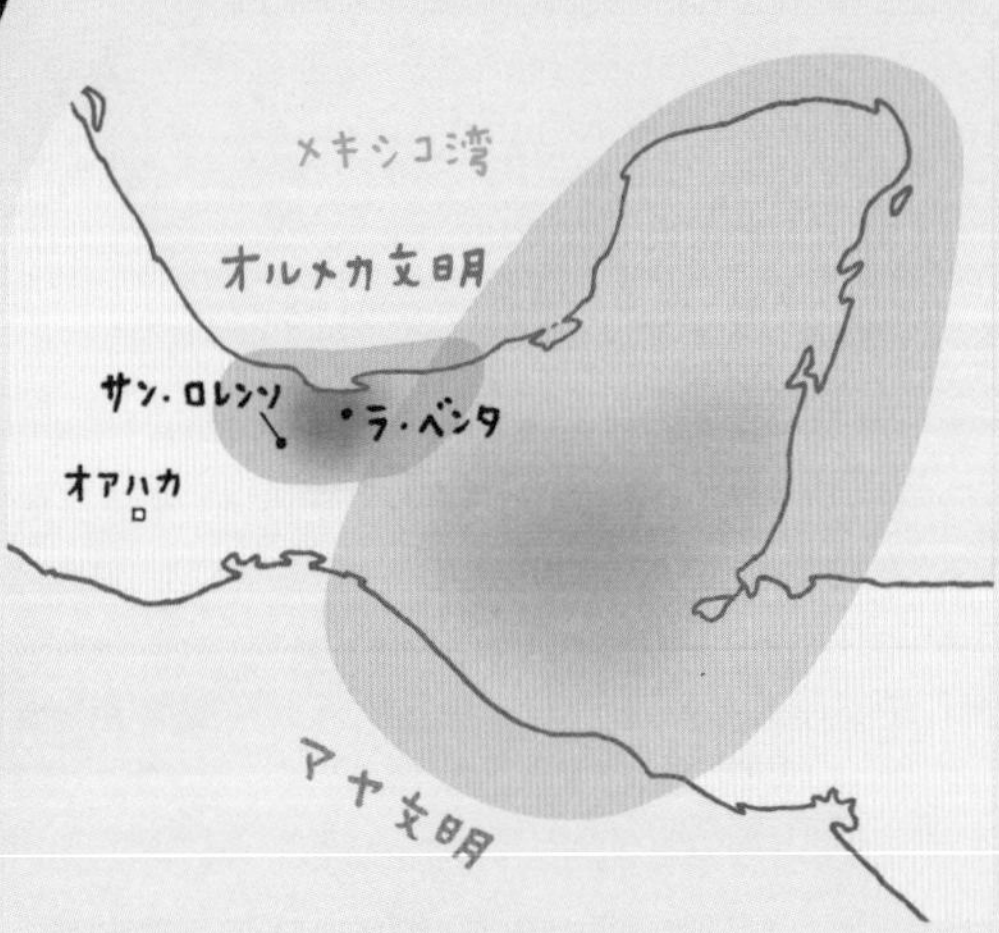

石碑

通称「歩く人」と呼ばれる石碑（ラ・ベンタ遺跡）。
「１の日に鳥大使が到着した」という文字が描かれているとされる。

K. Berrin, V. Fields『Olmec: Colossal Masterworks of Ancient Mexico』をもとに作画。

**石を使ったあれこれは
マヤ文明でもたくさん
出てきます**

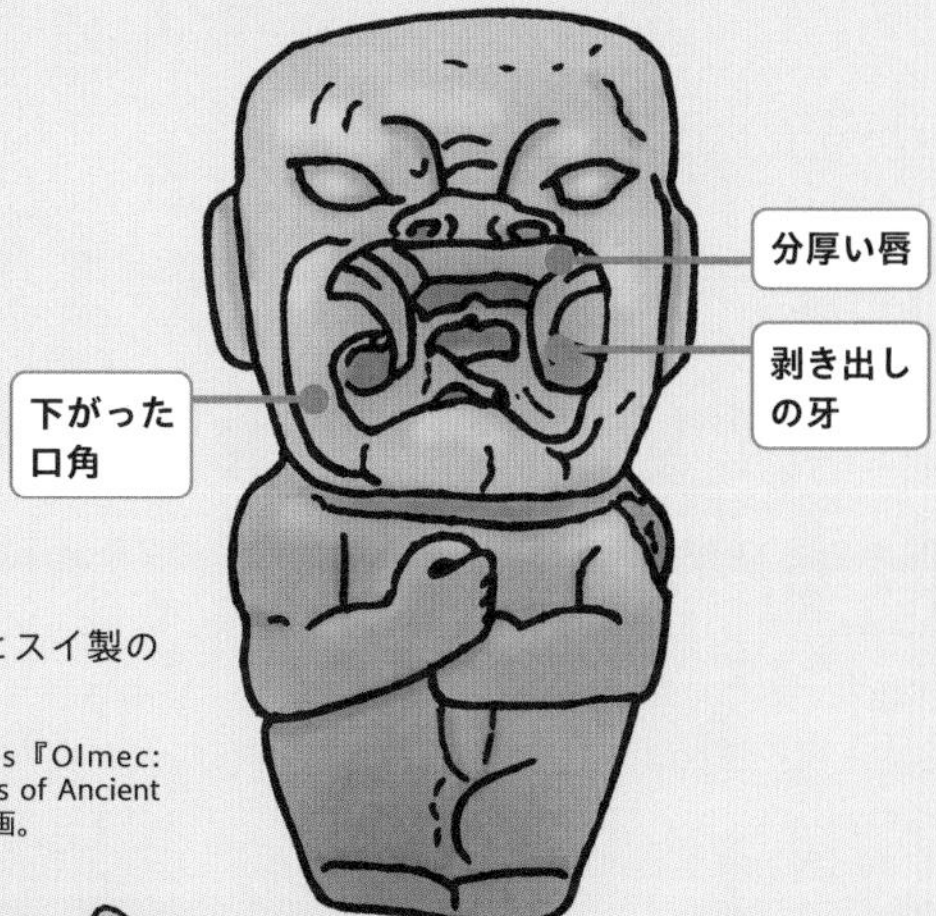

半ジャガー人

オアハカ出土のヒスイ製の半ジャガー人。

K. Berrin, V. Fields『Olmec: Colossal Masterworks of Ancient Mexico』をもとに作画。

石像

会議の群像を表した石像（ラ・ベンタ遺跡）。
このような頭蓋変形はオルメカ文明、マヤ文明を含め、メソアメリカに共通して見られる。

『世界の博物館５　メキシコ国立人類学博物館』（講談社）をもとに作画。

マヤ地域ってどこにある？

マヤ文明はメキシコ東部から中央アメリカの北西部にまたがる地域で展開されました。

マヤ文明によって暮らしが営まれたマヤ地域は「マヤ高地」「マヤ低地南部」「マヤ低地北部」の大きく3つに分かれています。

「マヤ高地」はメキシコのチアパス高地とグアテマラ高地を中心とする高地で、海抜800メートル以上の地域です。

「マヤ低地南部」はユカタン半島南部を中心にしたメキシコのタバスコ州、カンペチェ州南部、チアパス州、グアテマラ北部、ベリーズからホンジュラス西部をさします。

「マヤ低地北部」はメキシコのユカタン州、キンタナ・ロー州、カンペチェ州の大部分をいいます。

　マヤ地域には「マヤ語」という共通語はありません。言語学者がマヤ地域に現在暮らす人々の言葉を分類したところ、30ほどの「マヤ諸語」といわれる言語があることがわかりました。これは現代に限らず、マヤ文明が栄えた時代も同様だったと考えられています。

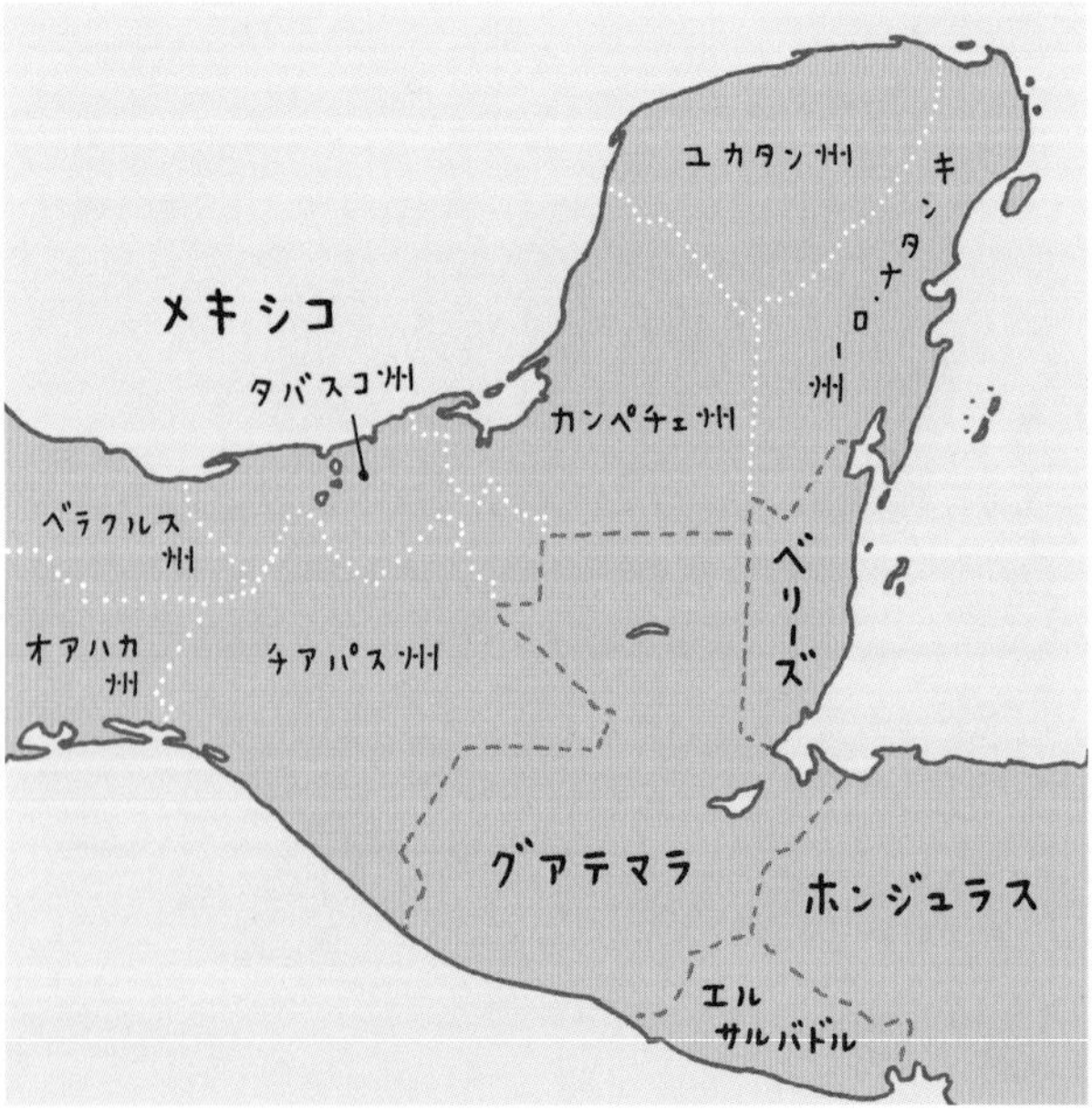

また、「マヤ民族」という単一民族は今まで存在せず、マヤ諸語を話す人々をマヤ人というのです。

3つに大別できるマヤ地域

マヤ地域の自然環境

きわめて多様な自然環境を持ち、地域ごとに異なる特産品がありました。

鬱蒼《うっそう》とした深い緑のジャングルに覆われたイメージが強いマヤ文明ですが、意外にも多様な自然環境の中で営まれていました。

マヤ地域には「マヤ高地」「マヤ低地南部」「マヤ低地北部」の3つの地域があるとお話ししましたが、この3つの地域にはそれぞれ特徴的な自然環境があります。

「マヤ高地」は海抜800メートル以上の高地で、山脈や盆地が分布する起伏が激しい地域です。マヤ高地最大の都市といわれるカミナルフユが栄えたのは海抜1500メートルのグアテマラ盆地で、マヤ地域の中では比較的涼しい環境でした。

「マヤ低地南部」は大部分が熱帯雨林に覆われています。平均年間降水量は2000〜3000ミリメートル。日本の年間平均降水量は1700ミリメートルほどですから、日本の1.5倍といったところでしょうか。熱帯雨林には世界三大銘木といわれる美しい木材、マホガニーの巨木などが育ちます。

「マヤ低地北部」は比較的乾燥した地域で、南は熱帯サバンナ気候、最北西端では年間降水量が500ミリメートル以下の乾燥地帯（ステップ気候）になります。乾燥した気候を活かし、質の高い塩を生産していました。

一口にマヤ地域といっても、各地域

マヤ高地

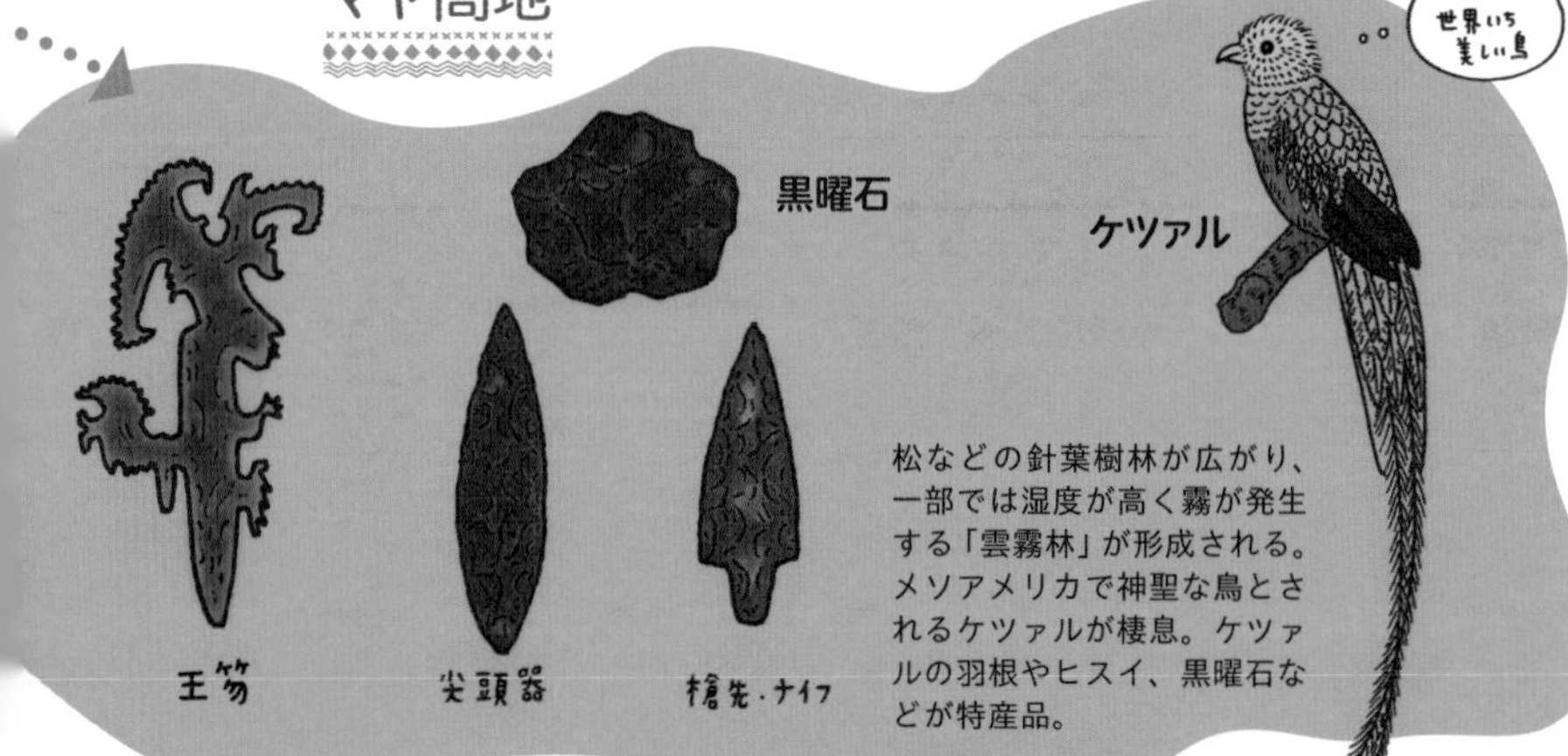
オレって世界いち美しい鳥

松などの針葉樹林が広がり、一部では湿度が高く霧が発生する「雲霧林」が形成される。メソアメリカで神聖な鳥とされるケツァルが棲息。ケツァルの羽根やヒスイ、黒曜石などが特産品。

の多様な自然環境が人々の暮らしや文明に影響を与えたのは想像に難くありません。

マヤ低地北部

比較的乾燥した気候で、セノーテ（p.96）が大事な水源となる。北部沿岸の特産品は塩。また石器の材料となるチャートが豊富に採れる。

塩

セノーテ

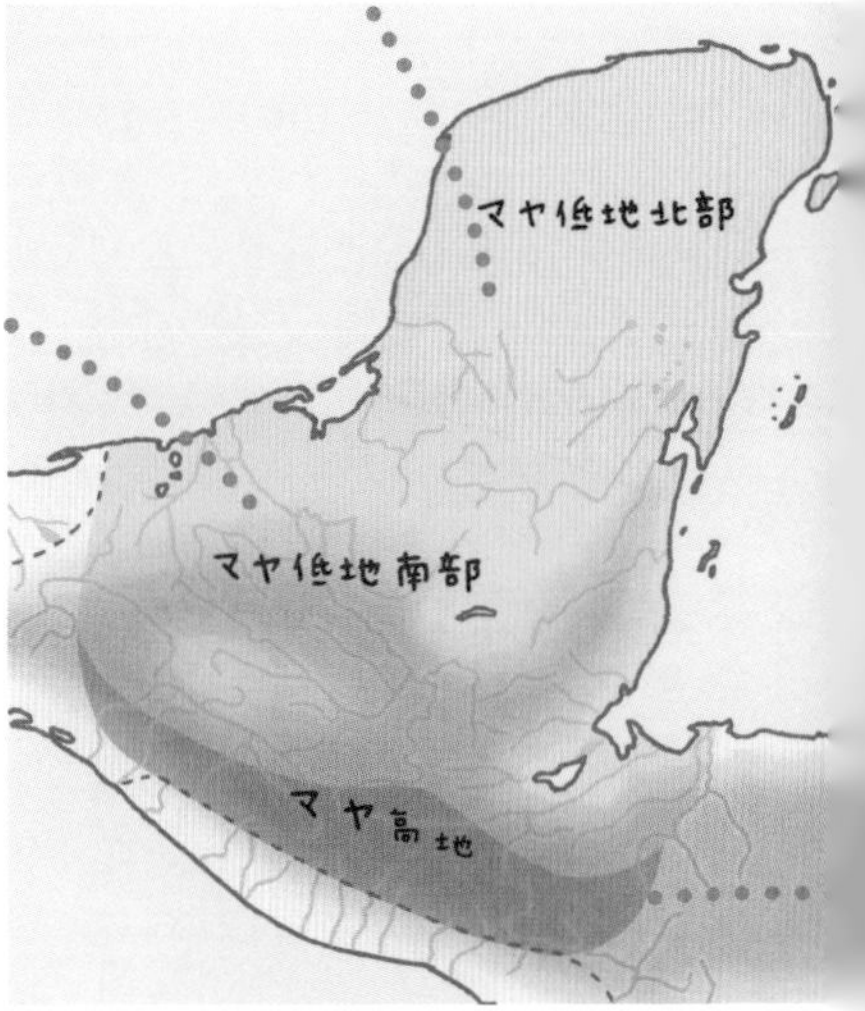

マヤ低地南部

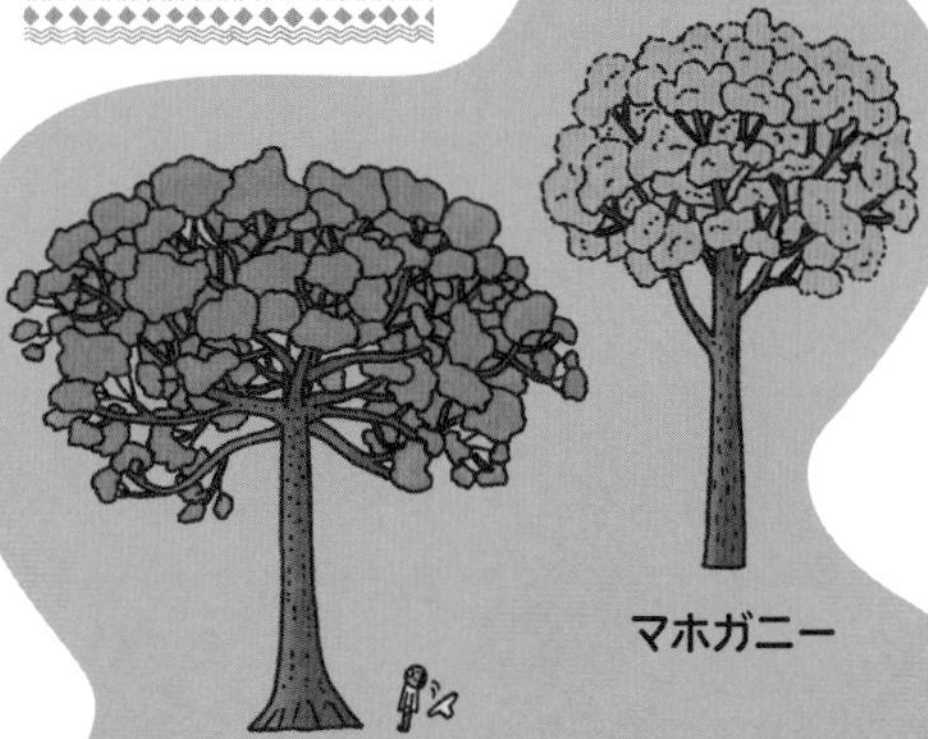

マホガニー

セイバの木

ジャガー

熱帯雨林があり、マヤ人にとって聖なる木であるセイバや、マホガニーなどの巨木が育つ。信仰の対象でもあるジャガーも棲息。

マヤ文明はいつからいつまで続いたの？

日本の縄文時代から室町時代にかけて、2000年以上にわたって続いていました。

ここではマヤ文明を含むメソアメリカについてお話ししたいと思います。これまでお話ししてきたように、マヤ文明は突如興ったのではなく、メソアメリカの歴史の流れの中で形作られてきました。そのメソアメリカ文明は社会の複雑化や文化の状況に応じて3つの時期に分けられています。先古典期（前2000〜250年）、古典期（250〜900年）、後古典期（900〜1500年）です。さらに先古典期は前期、中期、後期、末期、続く古典期は前期、後期、末期、そして後古典

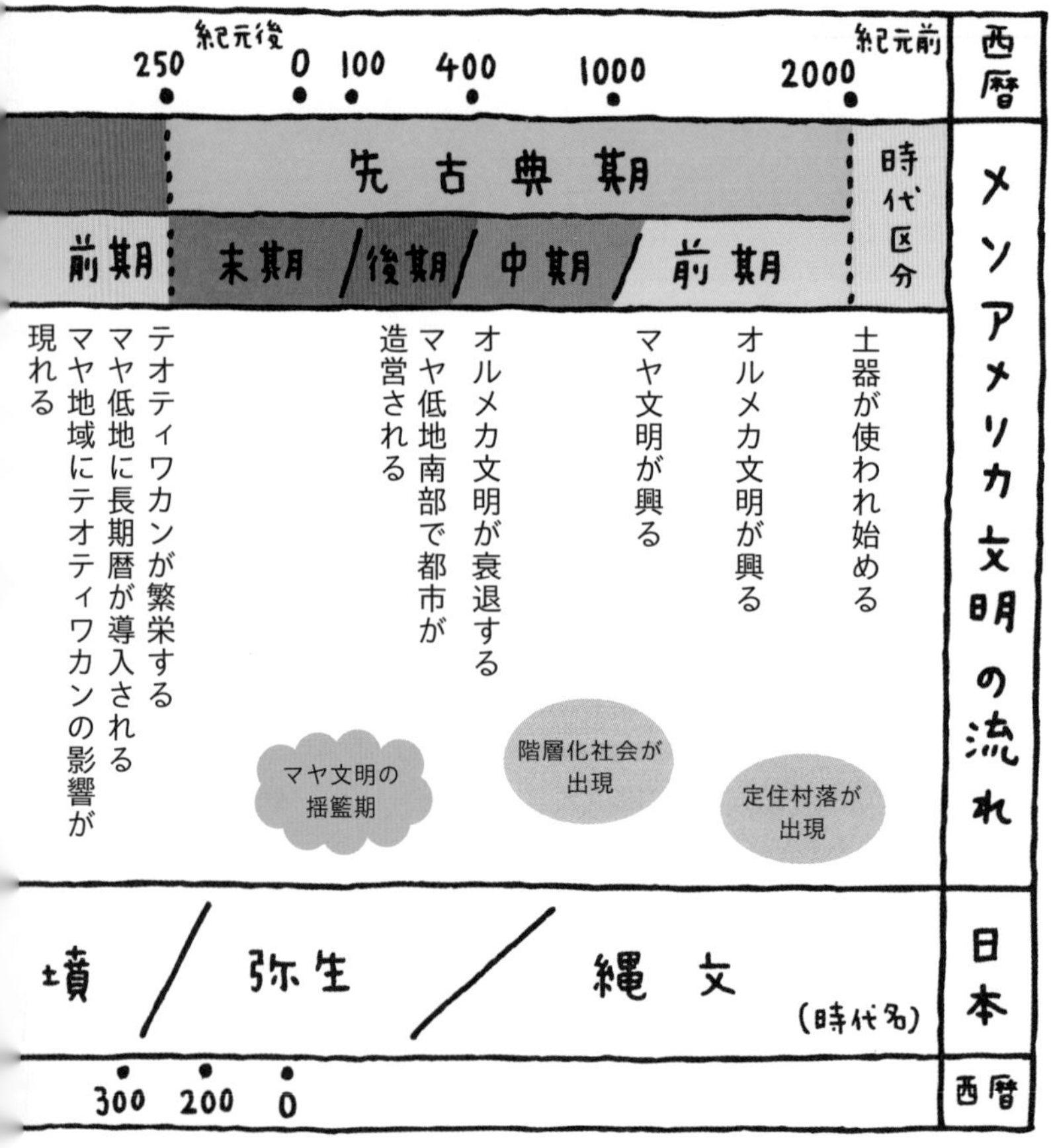

期は前期、後期と細分化されています。

その中でマヤ文明は、前1000年頃から2000年以上にわたってマヤ地域で営まれてきました。

2000年以上というのは、とても長い時間です。日本でいえば縄文時代の晩期から室町時代にかけてですので、社会の仕組みや暮らしの様相はまったく様変わりしました。一方マヤの人々はおよそ2000年間、基本の世界観を変えることがありませんでした。そしてその時間の中で、世界の四大文明にも決して引けを取らない、非常に高度かつ繊細で緻密な文明を作り上げたのですから、驚くばかりです。

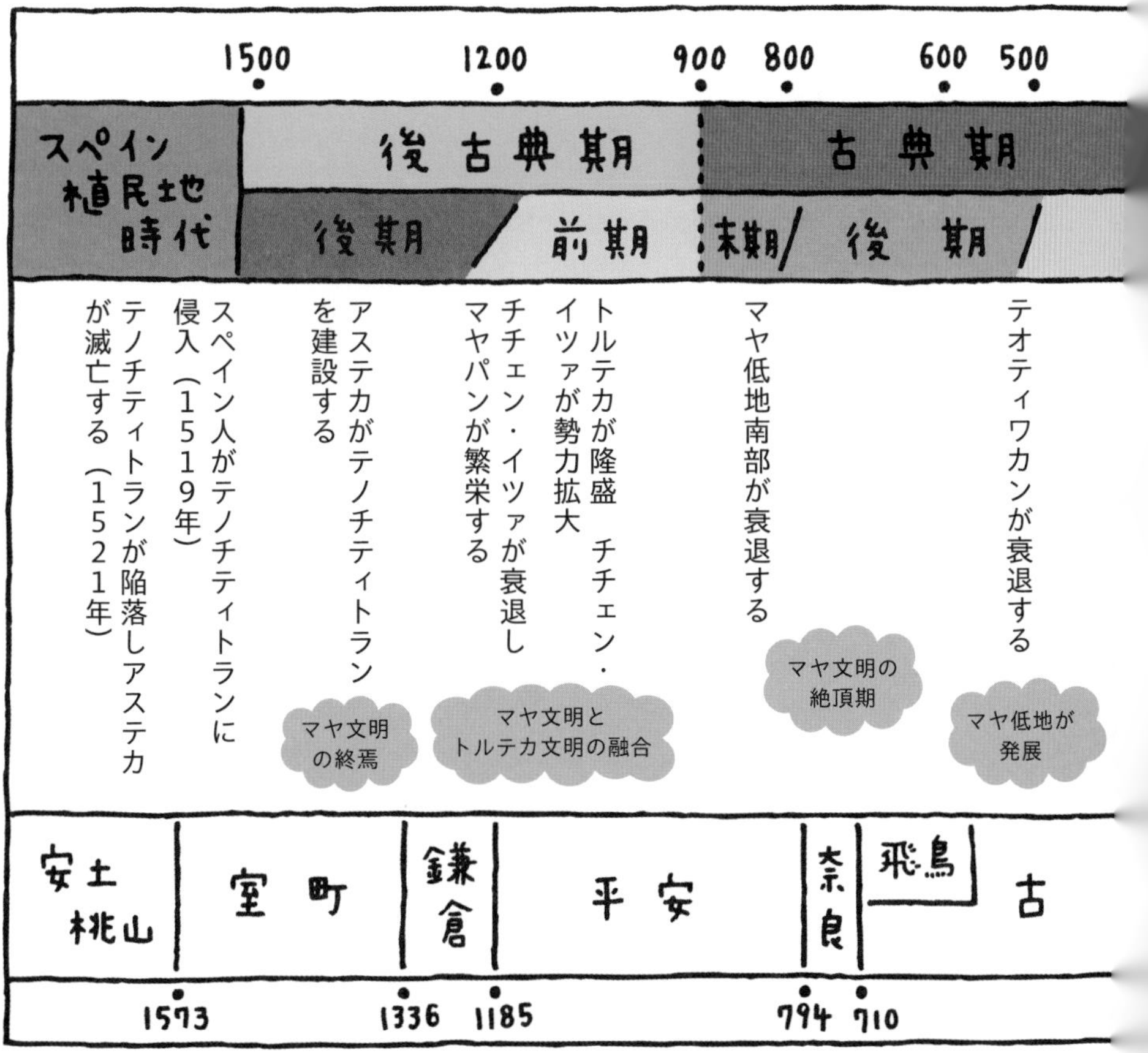

アメリカ大陸にやってきた人たち

アメリカ大陸に入った最初の人間は、日本人と同じモンゴロイドでした。

のちのマヤ文明の担い手になる人々は、いつ頃アメリカ大陸にやってきたのでしょうか？

初めてアメリカ大陸にやってきたのは、モンゴロイドといわれる人たちでした。アジア大陸から大型動物を追いかけて移動をしてきた人々は、アメリカ大陸まで後少しのシベリアまで到達します。しかしシベリアとアメリカ大陸側のアラスカを隔てるベーリング海峡によって行手を阻まれてしまいます。

ところがこの時期は最終氷期のウィスコンシン氷期にあたり、モンゴロイ

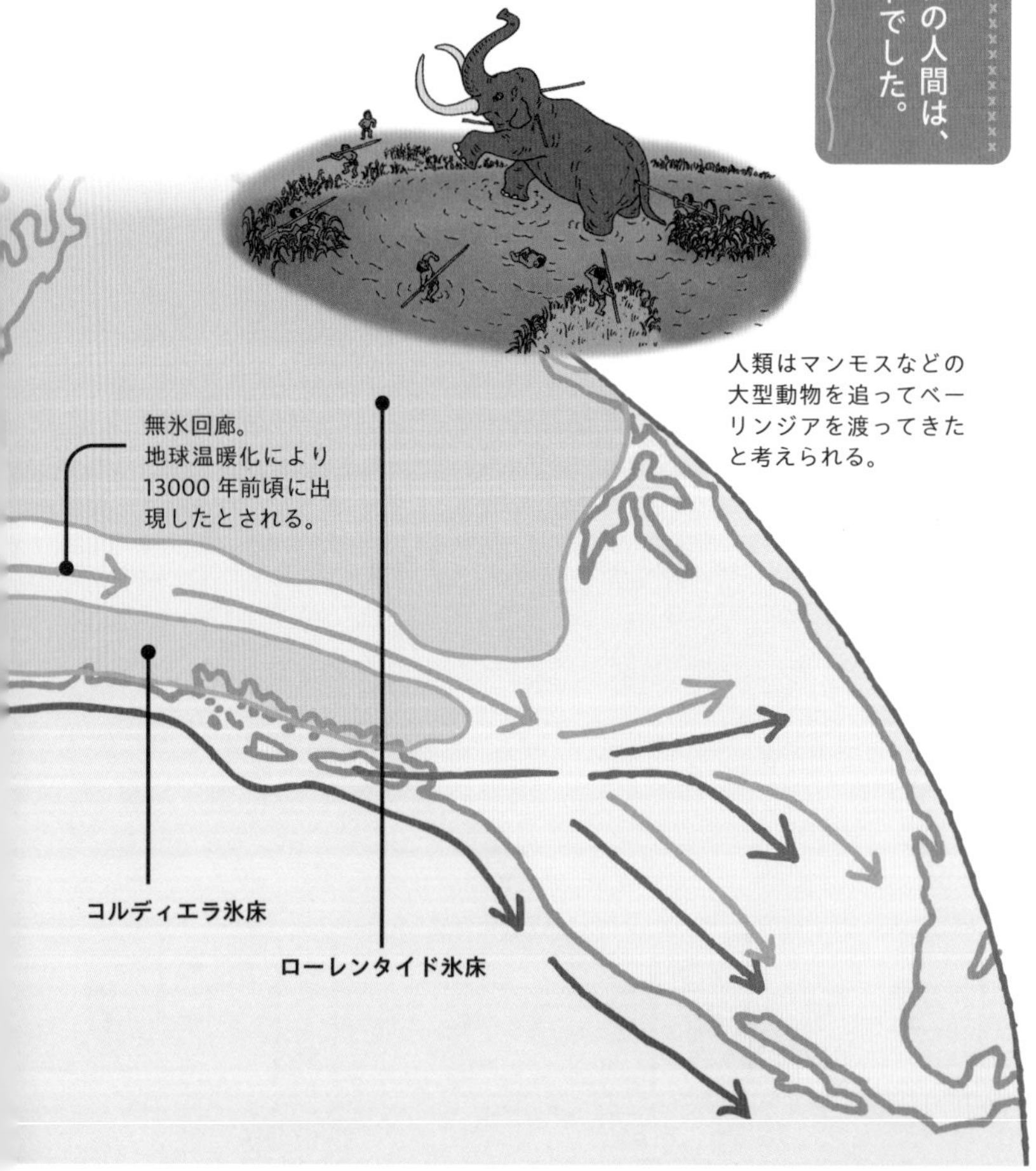

人類はマンモスなどの大型動物を追ってベーリンジアを渡ってきたと考えられる。

嘉幡茂『図説 マヤ文明』（河出書房新社）をもとに作画。

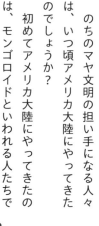

ドたちは寒冷化が進むと出現するベーリンジア（ベーリング陸橋）と呼ばれる陸橋を渡って、アメリカ大陸へと足を踏み入れたのです。

それが35000〜15000年前のこと。

しかしその先も簡単にはいきません。氷の壁（氷床）によって思うように先に進むことができない中、地球規模の温暖化が始まります。結果、氷床が溶け、コルディエラ氷床（西側）とローレンタイド氷床（東側）と呼ばれる2つの氷床に分かれたのです。2つの氷床の間には大きな道（無氷回廊）ができ、人々はこの道を通って南下を進め、南アメリカ最南端まで行き着くことができました。

こうしてアメリカ大陸に渡ってきた人々によって、メソアメリカ、そしてマヤ文明が築かれたのです。

未踏の地アメリカにやってきたホモ・サピエンス

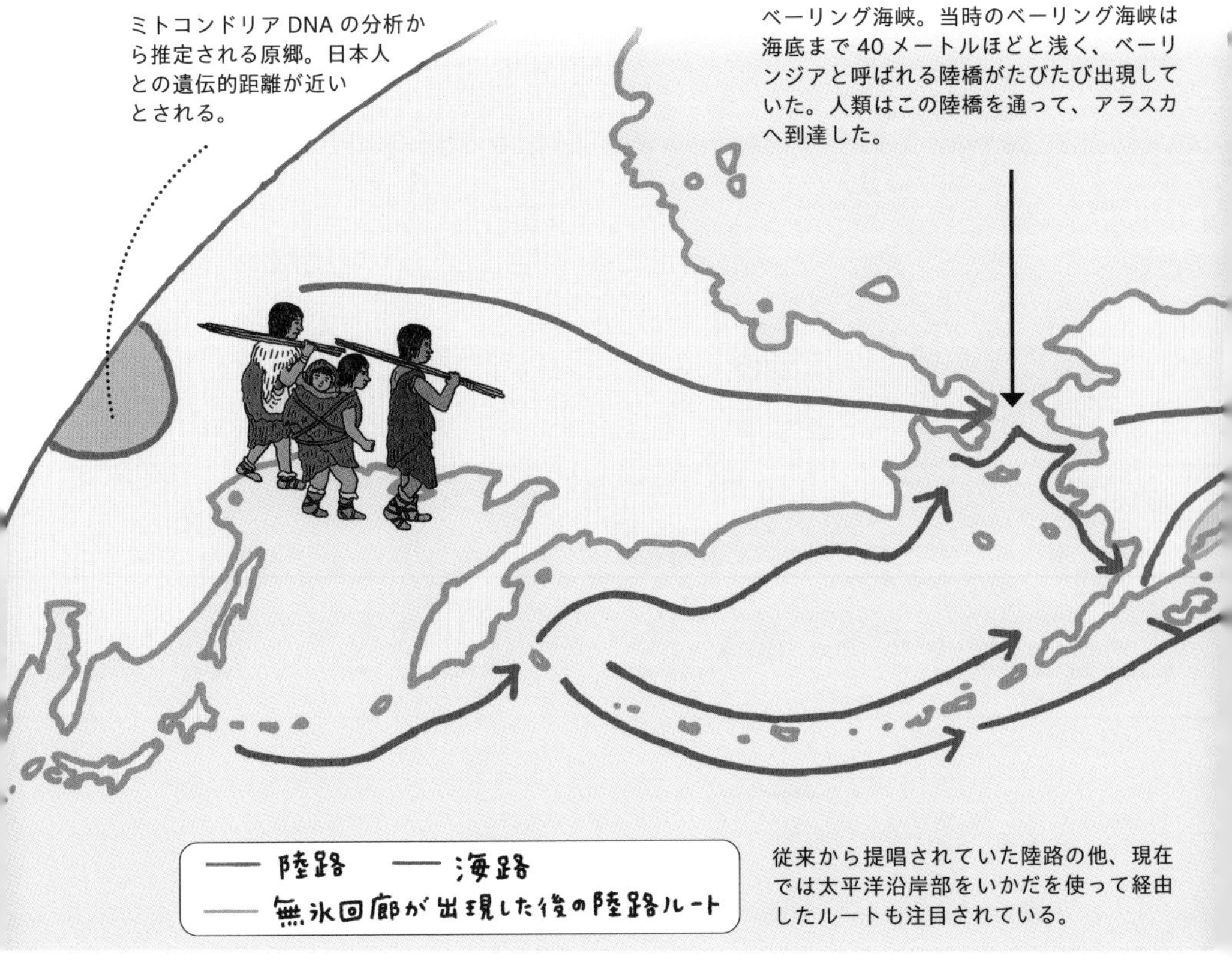

従来から提唱されていた陸路の他、現在では太平洋沿岸部をいかだを使って経由したルートも注目されている。

マヤ人はどんな姿？

独特の美意識を持ち、頭や歯を変形させていました。

マヤの人たちは、非常に特徴的な見た目をしていました。独特なのはまず、頭の形。見つかった人骨や、当時の壁画や石板に描かれた人物たちはみなそろいもそろって、後頭部が後ろに伸びています。これは頭蓋《とうがい》変形と呼ばれるもの。生後4、5日の赤ちゃんの額と後頭部に板を当て、それを縄で結んで数日そのままにしておきます。生後しばらくの赤ちゃんの頭蓋骨には隙間があるため、それを利用して頭の形を変えるのです。王さまも庶民も同様の身体加工をしていました。

一体なぜか。まずひとつは、人間は

頭蓋変形の方法

地方人類学博物館カントン宮殿［現・メリダ市マヤ大博物館］の展示をもとに作画。

16世紀のスペイン人宣教師ディエゴ・デ・ランダ（p.138）は『ユカタン事物記』の中でマヤ人たちの姿を生き生きと書き残している。

ランダ

ランダの報告によると…

彼らは生後4、5日の子どもを
小さな木の板に寝させて上から板で挟み、
そのまま数日間放置して
頭の形を変形させていました。

トウモロコシから生まれたと考える彼ら（124ページ）にとって、頭の形をトウモロコシに似せることは神さまに近づくことだとされたのです。中には脳に損傷を与えることだってあったはず。それでも彼らはより美しい後頭部を目指して加工したのです。

そしてもうひとつ。マヤの人々は頭に魂が宿ると信じていました。その場所を整えることで、邪気が入り込まないように子どもたちを守る意味もあったようです。

後頭部が後ろに伸びる形ではなく、直立に伸びる形もありました。集団の違いによって変形させる形を変えていたのです。つまり頭蓋変形は社会的所属を見た目で表す役割もあったというわけです。

広く行われていた頭蓋変形

出土した土偶からも頭蓋変形が一般に行われていたことがわかる。

ハイナ島出土の土偶。

鈴木真太郎『古代マヤ文明』（中公新書）などをもとに作画。

メソアメリカでは頭蓋変形を示す人骨が多数見つかっている。

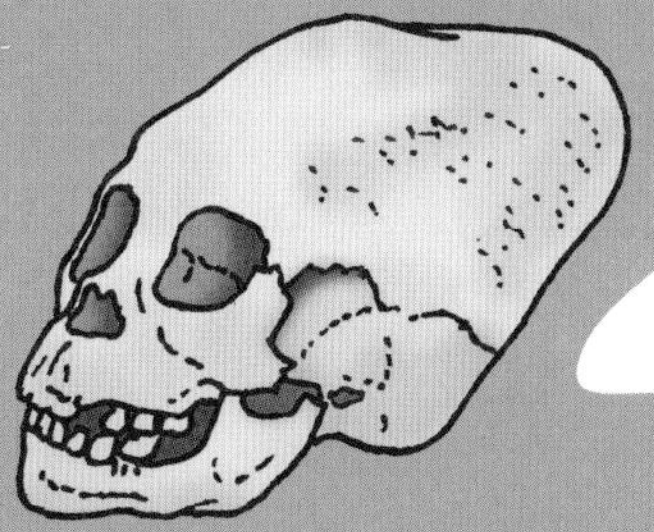

変形が施されたマヤ時代の頭蓋骨。

メキシコ国立人類学博物館の展示をもとに作画。

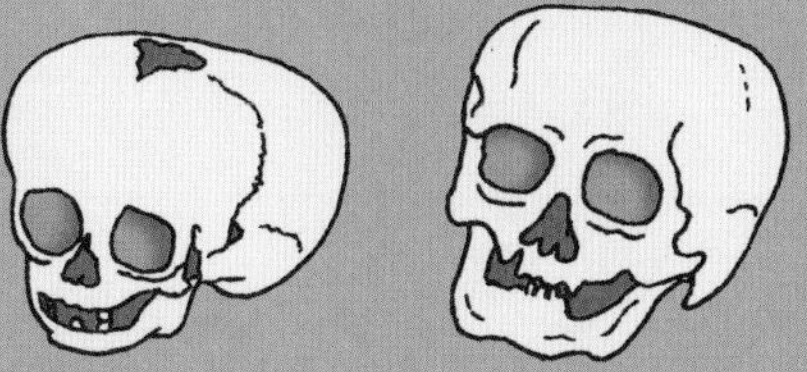

変形が施された子どもの頭蓋骨。

地方人類学博物館カントン宮殿［現・メリダ市マヤ大博物館］の展示をもとに作画。

また、彼らは歯牙装飾といわれる身体装飾も施していました。これは歯をギザギザに尖らせたり、歯の表面に鉱石などを嵌《は》め込む象嵌《ぞうがん》を施したりすることをさします。

王さまはヒスイや黒曜石などの貴重な石を歯の表面に嵌め込み、庶民は鉱石を嵌め込むこともあれば、歯の形を変える装飾を施すこともありました。

歯牙装飾は、子どもが成人になる通過儀礼として行われ、見た目の装飾性とともに、結婚適齢期を周囲に知らせる手段だったとも。

こうして歯に気を使っていたわけですが、庶民の歯からは虫歯が多く見つかり、支配者層の歯に虫歯は少ないという調査報告があります。というのも、支配者層はトウモロコシの他にバランスよく動物性たんぱく質などを食べることで虫歯になりにくく、トウモロコシなどの炭水化物に多くを依存する食生活の庶民は虫歯になりやすかったよ

歯の手入れは欠かせません

歯牙装飾と頭蓋変形のある人骨（エル・プエンテ遺跡）。

『神秘の王朝 マヤ文明展』（TBS）をもとに作画。

このT字形の加工は、太陽神キニチの像に倣っているといわれる。

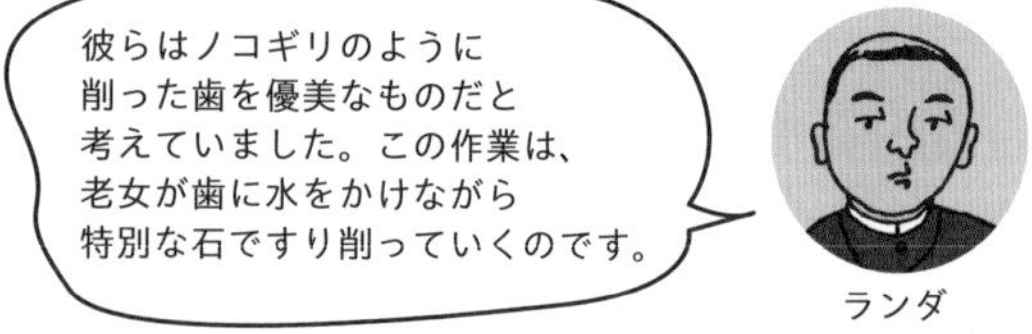

うなのです。

また、虫歯だけでなく、庶民の身長は支配者層よりも低いという報告も出ています。つまり、栄養状態が身長に影響していて、よりバランスよく食品を食べていた支配者層の身長が高いというわけです。

栄養バランスは身長だけでなく、寿命にも関係しました。カカオドリンクを大量に摂取していた王さまたちの中には80歳以上まで生きた人もいるほど（46ページ）。

身長の大きな王さまは神さまと見まごうようなトウモロコシに似せた頭で民の前に立ち、話しかける際にはキラッと口元のヒスイが光る。

マヤの人たちにとって身体というのは、いろいろな意味で自分を表現する道具だったのかもしれませんね。

美しいマヤ人たち

ランダ

宣教師ランダが伝えたマヤ人の美しさ

・彼らは姿がよく、背も高く、頑丈で力も強い。
・太陽を浴び、よく水浴するため肌は褐色。
・斜視は美しいものとされ、幼少期に前髪に玉を結びつけて見つめさせて斜視になるようにしている。
・男も女も長い髪。
・顔や体に赤色の油を塗っている（香りつきのものもあり）。
・耳や鼻に穴を開けて飾りをつけている。
・刺青を施している。

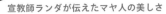

COLUMN

マヤ人の姿を伝える土偶たち

ここではマヤ地域で作られた土偶を紹介しましょう。ユカタン半島の北西部の海上に浮かぶハイナ島は、おびただしい数の土偶が出土したことで有名です。これらの土偶は、この島の20000以上にもなる墓の副葬品として埋葬されていたものです。老若男女、または神など、さまざまな人の姿が土偶となって残されました。縄文時代の土偶と同様、土偶には当時の髪型や衣服、装身具などの習俗が反映されていて、当時の人の姿を今に伝えてくれます。

ハイナ島出土の土偶たち

多くは20cm前後の大きさで、中が空洞に作られている。ここに挙げたものの他、子どもを抱く女（p.25）、防具を身につけた男（p.59）、機織りをする婦人（p.67）、球技を行う人物（p.95）など、さまざまな身分や職能を表す土偶が出土している。

儀式用の杖を持つ男
高さ18.4cm
700 ~ 900年

男の立像
高さ24.7cm
600 ~ 800年

老人と女
高さ15.8cm
600 ~ 900年

女の座像
高さ
22.2cm
600 ~ 900年

小人の立像
高さ8.8cm
600 ~ 800年

すべてロサンゼルス・カウンティ美術館蔵。
Photos: LACMA（www.lacma.org）

知られざるマヤ文明
2
章

マヤ人たちの衣・食・住

マヤの村は
こんな感じ
だったかも
スチーム・バス(p.33)
カカオやリュウゼツラン、
グァバなどを栽培する
倉庫
寝室
倉庫
集会所
広場
工房

ホヤ・デ・セレン遺跡の建造物の復元想像図などの資料をもとに作成したイメージ画。

こんな場所に暮らしていたかも

火山灰に埋まっていた農村の住居跡から、マヤののどかな暮らしの様子がわかってきました。

王族や貴族などの支配者層ではない庶民について、考古学的観点からわかることは非常に限られています。文字で残されているものは支配者たちの様子がほとんどだからです。

しかし、「中米のポンペイ」と呼ばれ、世界遺産にもなっているホヤ・デ・セレン遺跡は600年前後に噴火したロマ・カルデラ火山の火山灰によって集落の一部が守られ、生活の痕跡が残されていました。調査によれば、土の土台に日干しレンガが積まれ、その上に建てられた柱も土製だったといいます。柱と柱の間には編んだ植物が嵌《は》め

暮らしの一コマ

られ、そこに泥を塗って土壁が造られていました。屋根は草葺《ぶ》き。

　集落の中央には広場があり、周りに集会場のような大きな公共建造物が2棟。ユニークなのが人々が暮らす建物です。台所、寝室、倉庫などはそれぞれが独立したひとつの建物となっているのです。その周りには食料となるトウモロコシなどの畑がありました。

　一般住宅の他に、リュウゼツランという植物の繊維を使用した手工業の工房や、宴会場、スチーム・バス（儀礼の前に体を清める場所）、儀礼用の建物などの施設も見つかっています。

　この様子は一例ですが、他のマヤ地域でも同様の集落の作りをしていたかもしれません。

リュウゼツラン。葉を乾燥させて繊維をとる他、食用や薬用としても用いられる（現在ではテキーラの原料として有名）。

マヤ式サウナで身も心も清めます

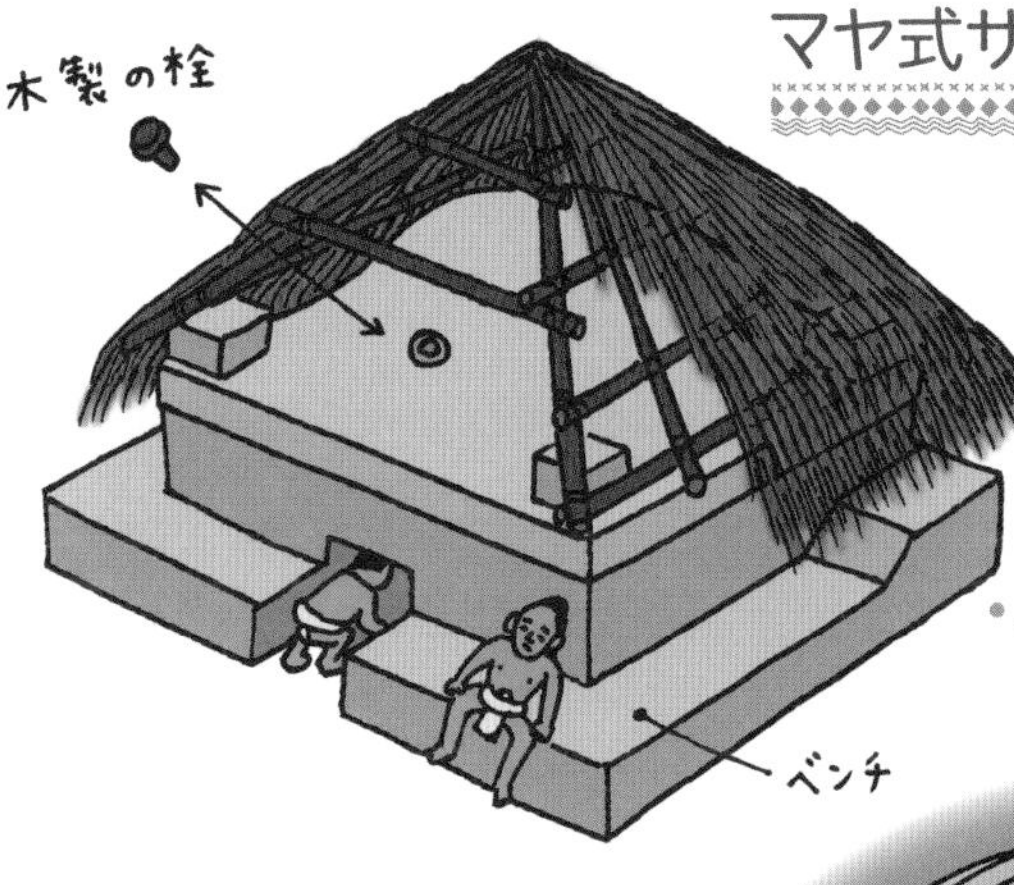

ホヤ・デ・セレン遺跡のスチーム・バスの復元図。

「テマスカル」と呼ばれるマヤ式のスチーム・バス。室内中央のドーム状の部分に水をかけて蒸気を出す。

ホヤ・デ・セレン遺跡の展示パネルなどを参考に作画。

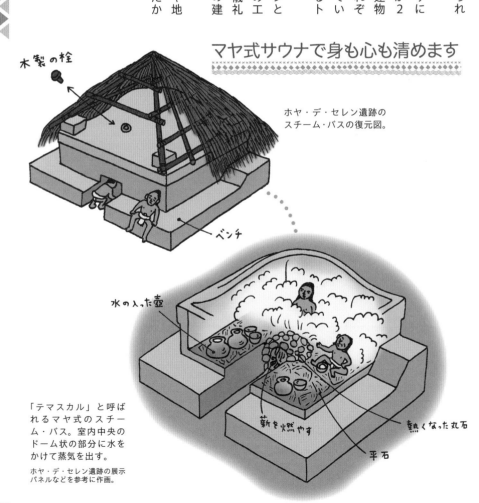

王や貴族の家ってどんな家？

工房や会議室を持ち合わせた公私の区別ゼロの家でした。

ここでは王さまや貴族、つまり支配者層がどのような家に暮らしていたのか、一例を挙げて見ていきたいと思います。

マヤ古典期の遺跡のひとつに、アグアテカという遺跡があります。ここは敵の攻撃によって一斉に人々が避難し、放棄された場所だと考えられています。相当急な攻撃だったのか、暮らしの様子がそのまま残されました。

調査によると、支配者層の家には複数の部屋があり、天井は持ち送り式アーチと呼ばれるアーチで造られていました。

アグアテカ遺跡の通称「鏡の家」の間取り図。

R.Terry, F. Fernández, J. Parnell, T. Inomata『The story in the floors』を参考に作画。

このあたりからは実用的な器が見つかっている。

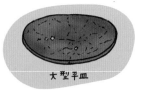

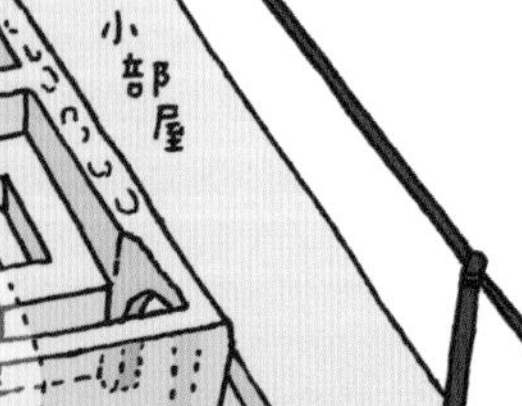

王族の家の豪華な天井

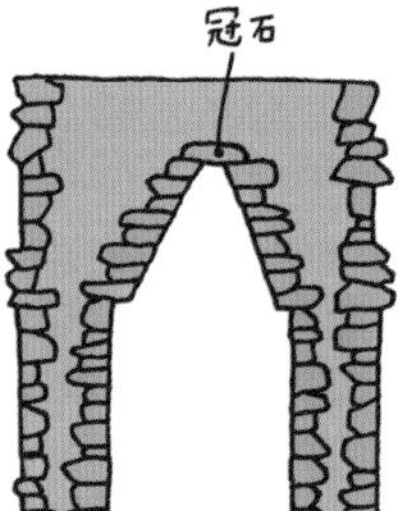

持ち送り式アーチ。両側の壁から石をずらして積み上げ、アーチの頂点でつながるようにしたもの。王族や貴族の家の特徴で、マヤの遺跡でよく見られる。

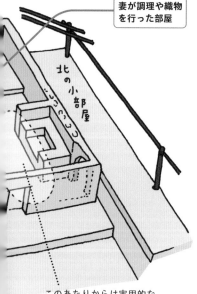

支配者層である書記の家を見てみると、複数の部屋のうち、南の部屋では宝器などが製作され、北の部屋では調理などが行われたようです。そして中央の部屋は応接間のような使い方で、接待や会議にも使われたと考えられています。その様子から、実際にこの遺跡を発掘した研究者の青山和夫氏は「支配者層住居はたんなる家族生活の住居空間だったのではなく、政治活動にも利用された」と述べています。つまり暮らしの場と政治の場が同じ場所にあったということ。素早く議論をするにはよい状況ですが、これでは心が休まるときがなかったかもしれませんね。

他にもこんなものが見つかりました

エリート書記のお宅拝見！

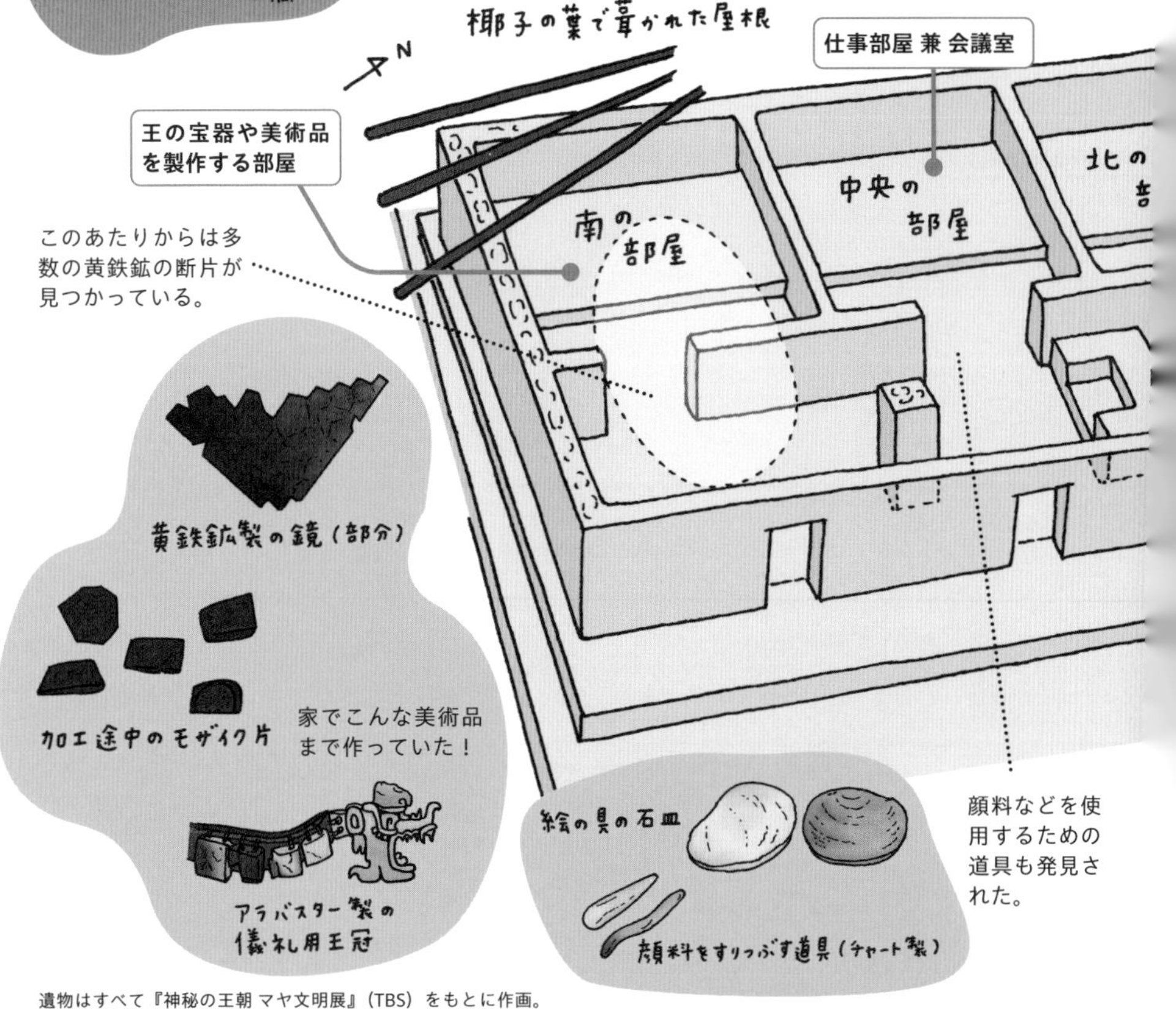

遺物はすべて『神秘の王朝 マヤ文明展』（TBS）をもとに作画。

庶民の家はどんな感じ？

先史時代の日本と同様に
ワンルームでの暮らしが基本でした。

　庶民の住まいの実像に迫るのは至難の業といえますが、今までの研究からいえるのは、庶民は支配者層の家のような複数の部屋や扉のない、ひとつの部屋だけがある家で暮らしていたと考えられていること。つまりワンルームです。木造で、屋根は茅《かや》や椰子《やし》の葉などの植物で葺《ふ》かれていたようです。
　ワンルームといえば、先史時代の日本の竪穴建物も同じこと。トイレなどはなく部屋の真ん中に炉があるという構造でしたから、マヤ地域の庶民がワンルームで暮らしていたとしてもなんら不思議ではないのかもしれません。

また、ひとつの空間で食住を賄うのはシンプルで機能的な暮らし方といえます。物を持ちすぎて「断捨離」がもてはやされる現代日本ですが、ワンルームは「暮らす」ということに向き合いやすい空間なのかもしれません。

日本の竪穴建物もワンルームです

譽田亜紀子『知られざる縄文ライフ』（誠文堂新光社）p.41 より引用。

主食のトウモロコシを育てる。
水瓶
石製の斧で耕す。
アヒルや七面鳥などの家畜の世話をする。

マヤになかったもの

鉄器がなかった！

マヤの人々は芸術的な彫り物や複雑な模様の施された建造物を造り上げるなど高い技術力を持ちながら、鉄器製造技術を持たず、鉄器は使用されませんでした。もちろん、畑仕事や調理でも鉄製の道具は使われませんでした。

マヤになかったもの

ミルクがなかった！

マヤの人たちは、大型の家畜を持たず、動物のミルクも摂取しませんでした。このため「ミルクの香りのしない文明」ともいわれています。

マヤの家族ってどうなっていたの？

名前も財産も男子に引き継がれる父系社会でした。

スペイン人宣教師ランダが書いた『ユカタン事物記』という記録書があります。マヤ地域がスペイン人によって制圧された後（１４６ページ）の当地の暮らしの様子を記録したもので、マヤ文明が栄えた時期とまったく同じとはいえませんが、当時を考えるヒントが詰まっています。

そこに家族の在り方についても記述されていました。例えば、両親の姓は常に男子に引き継がれ、女子には引き継がれないとあります。子は常に両親の名で呼ばれますが、父親の名を姓として、母親の名は呼称として呼ばれた

困ったときは名を名乗れ！

あの〜 〇〇村の△△というものですが… 道に迷ってしまって…
えっ オレも△△だよ〜
もう日が暮れるから 今夜はウチに泊まっていきなよ！

のです。例えば、チェルとチャンと呼ばれる父母の元に生まれた息子は、ナ・チャン・チェルと呼ばれました。チェルとチャンの息子、という意味です。

そのため、彼らは同じ名前を持つ人はすべて親族と考えました。例えば男性が知らない土地で困ったことに遭遇した場合、自らの名前を名乗ります。そこに同じ名前の男性がいれば、たとえ知らない人であっても助けるという風習があったようです。また、男性も女性も父方の同姓を名乗る人とは、違う地域に住んでいたとしても結婚することはなかったといいます。これは、血のつながった者同士の結婚を排除するための知恵だといえます。

名前の件が示す通り父系が重んじられ、男子が大事にされました。風習とはいえ、現代の女性からするとなんだか腑に落ちない社会だったかもしれません。

もし離婚したら…

息子は父親が、
娘は母親が
引き取る。

相続するときは…

娘が息子と同じように
相続することはない。

王や貴族はどんな衣服を着ていたの？

王も王妃も全身盛り盛りに着飾っていました。

マヤ文明の人たちがどのような衣服を着ていたかを知る手がかりは、壁画や石碑に残されています。とはいえ、これらに残されるのは支配者層の記録がほとんどです。

古典期に栄えたボナンパクという都市の遺跡があります（152ページ）。当時は数千人のマヤ人たちが暮らした都市で、そこからメソアメリカで最も重要な壁画のひとつが見つかりました。3部屋にわたって描かれた壁画の中に、戦闘や儀式の様子が生き生きと

王の服装例

チャン・ムアン王。ボナンパク遺跡の第2の部屋の壁画より。
National Geographic Image Collection を参考に作画。

描かれていたのです。

そこに描かれたチャン・ムアン王はジャガーの毛皮を貼った頭飾りをつけ、ジャガーの毛皮を身につけていました。靴は履いていませんが、両腕に大きなヒスイのバングル（腕輪）をはめ、手にはジャガーの毛皮が貼られた槍を持っています。貴族たちもジャガーの毛皮を着たり、動物の頭飾りを被ったりと、それぞれに着飾っている様子が描かれています（42ページ）。

一方、儀式のときには、染色した綿糸で美しい模様を織った特別な布をマントのようにまとい、色鮮やかな鳥の羽根の頭飾りやヒスイの首飾り、技巧を凝らしたふんどし型の腰帯をつけ、耳には大ぶりなピアスをするなど、とにかく着飾っていました。

では、日常はどうだったかといえば、もう少し身軽ないでたちだったと想像できます。

リオ・アスル遺跡出土の
土器を参考にしたイメージ。

王妃の服装例

ヤシュチラン遺跡のリンテル（まぐさ石）
に描かれた王妃を参考にしたイメージ。

王や貴族が装身具を身につける意味は？

ジャガーの毛皮に頭蓋骨のネックレスでパワーを表現していました。

ここでもボナンパクの壁画を手がかりにお話ししたいと思います。

壁面に描かれた王さまや貴族は、ジャガーの毛皮を身につけていた、とお話ししましたが、これは他の地域でも同じでした。彼らにとって森の王者であるジャガーを身につけることは、不屈の力を自分に取り込むためであり、勇者の表現でもありました（134ページ）。

また、首飾りにも注目してください。以前戦ったときに得た敵の頭蓋骨にヒ

ジャガーのヘルメット＋頭蓋骨のネックレス＝最強ファッション

ボナンパク遺跡の第2の部屋の壁画に描かれた王と側近の姿から、戦闘時のファッションを再現。

National Geographic Image Collection を参考に作画。

ヒスイの腰飾り

（パレンケ遺跡）

メキシコ国立人類学博物館の展示をもとに作画。

スイのビーズで装飾したものをぶら下げています。これは目の前の敵を圧倒するための装飾品なのです。

　現代人の感覚からすると、なんと酷いことをするのかと思いますが、特別な装飾品を身につけることで、超自然的存在、つまり目に見えない神々とつながり、その霊力を我が身に宿すことが重要だったのでしょう。同時に、悪霊から身を守ることも装飾品を身につける理由のひとつだったとも考えられます。支配者層が装飾品を身につけるのは自らを飾り立てる美意識からという以上の意味があったのです。

　もちろん、王さまの偉大さを庶民に示す役割もあったことは間違いありません。

ザリガニの仮装も!?

ボナンパク遺跡の第1の部屋の祝賀会の場面では、ザリガニやワニ、コイに仮装した姿も描かれている。

側近たちもゴージャス

こんなアクセサリーも使われていました

貝製の唇飾り　**貝製のペンダント**　**貝製の指輪**　**ヒスイの耳飾り**

（ヤシュチラン遺跡）　（ヤシュチラン遺跡）　（コパン遺跡）　（ヤシュチラン遺跡）

『マヤ文明展 図録』（毎日新聞社、毎日放送発行）をもとに作画。

庶民は何を着ていたの？

さまざまな模様の貫頭衣でおしゃれを楽しんでいたかもしれません。

庶民はどのような衣服を着ていたのでしょうか。

チチェン・イツァ遺跡の戦士の神殿に残された壁画には、小さな集落の様子が描かれていました。それを見ると、男性は裸にふんどしをしている程度。そこに女性は描かれていませんが、頭を通す穴を開け、脇を縫い合わせただけの貫頭衣を着ていたようです。綿糸は支配者層の衣服に使われ、庶民は樹皮から繊維を採った樹皮布や他の植物の繊維で織ったものを着ていました。

今でも現代マヤ人の多くが暮らすグアテマラでは、ウィピルと呼ばれる貫

樹皮布のふんどし
ウィピル
一枚の布の真ん中に頭を通すための穴をあけ、両脇を縫った貫頭衣。

頭衣が着られています。地域によって織りや模様が違っていて、各地の村人が集まる市場などでは一目でどの地域の人かわかる目印にもなっています。

織物の素材は違っていたでしょうが、古代マヤの庶民女性たちも農作業の合間に集落のシンボル模様を織り込んだ布を織っていたことでしょう。人それぞれ細部に工夫を凝らして、「私だけの貫頭衣」を作っていたかもしれません。女性たちはそんなところに楽しみを見出していたのではないかと想像してしまいます。

伝統的な衣装を身につけたグアテマラの女性。衣装の柄は、グアテマラの西部高原に位置するアティトラン湖の町の出身であることを示している。

王や貴族は何を食べていたの？

ごちそうの他、特別な栄養ドリンクを飲んでいました。

中米の食べ物といえば、メキシコ料理にタコスがあったな、それ以上は想像もつかない、という人が多いかもしれません。

実は私たちの食卓にのぼる野菜の中にもマヤ地域原産のものがあります。トウモロコシ、豆類、カボチャ、トウガラシ、トマト、アボカド、カカオなどがそれに当たります。特に、トウモロコシはこの地域の人たちにとって主食であり、なくてはならない食べ物でした。

そして王族、貴族といった支配者層たちが頻繁に摂取していたのが、カカ

王さま愛飲のカカオドリンク

カカオドリンクを入れるためのカップもさまざまなものが見つかっている。

マヤ地域原産の作物

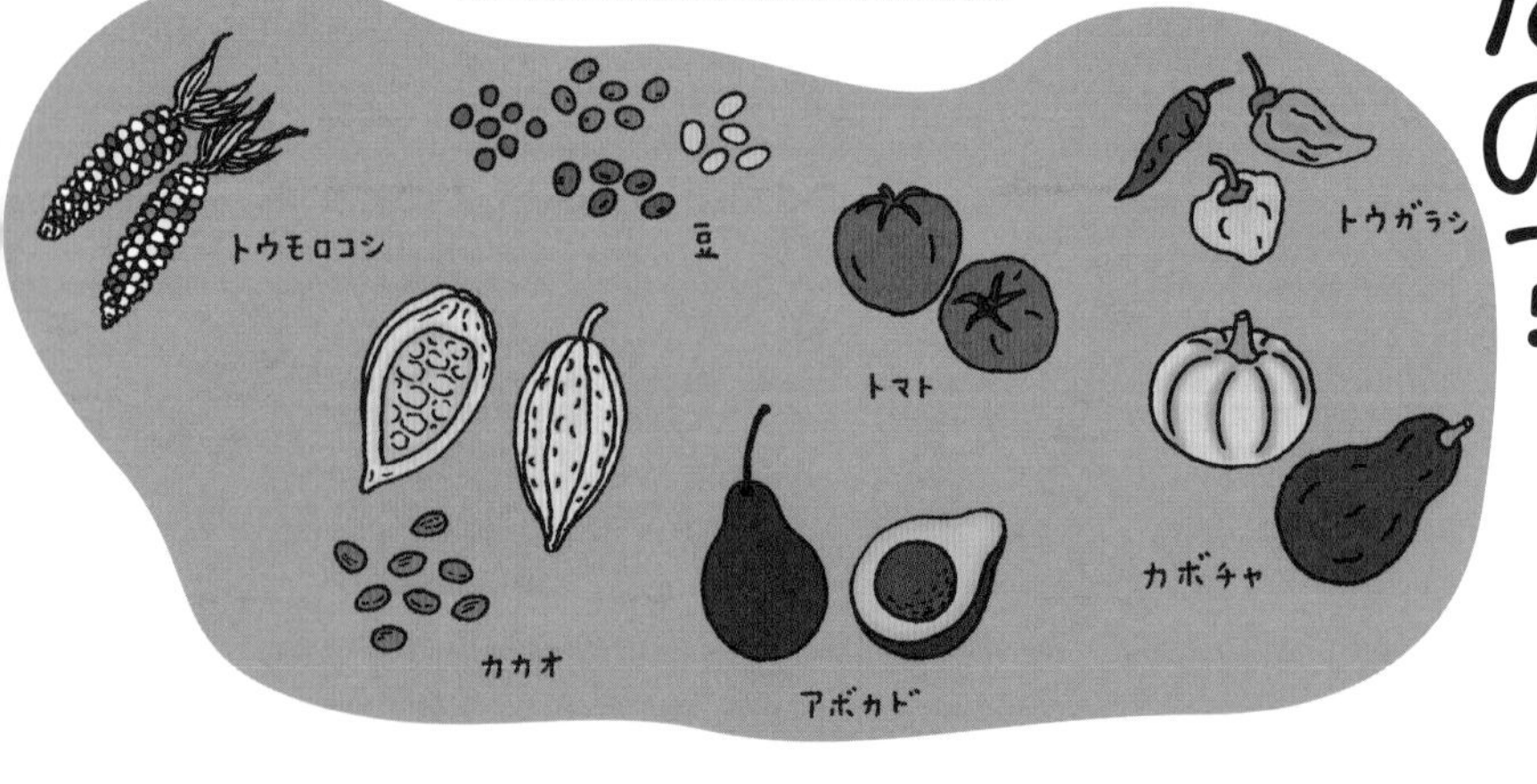

オを使ったカカオドリンクでした。

今でこそカカオといえばチョコレートの原材料として知られていますが、甘いチョコレートになったのは19世紀半ばのこと。マヤのカカオドリンクはカカオをすり潰し、そこに水、ハチミツ、トウガラシなどを入れた支配者層だけが飲める特別な飲み物でした。

カカオには抗酸化物質のポリフェノールや食物繊維が豊富に含まれることは現代ではよく知られていますが、メソアメリカの人々もすでにその効用を知っていて、精力剤や薬として飲んでいたのです。その効果なのか、パレンケ遺跡のパカル王は80代まで生きたことがわかっています。長寿の秘訣がカカオドリンクにあったのだとしたら、支配者層がこぞって飲んでいたのは納得がいきますね。

マヤのごちそう

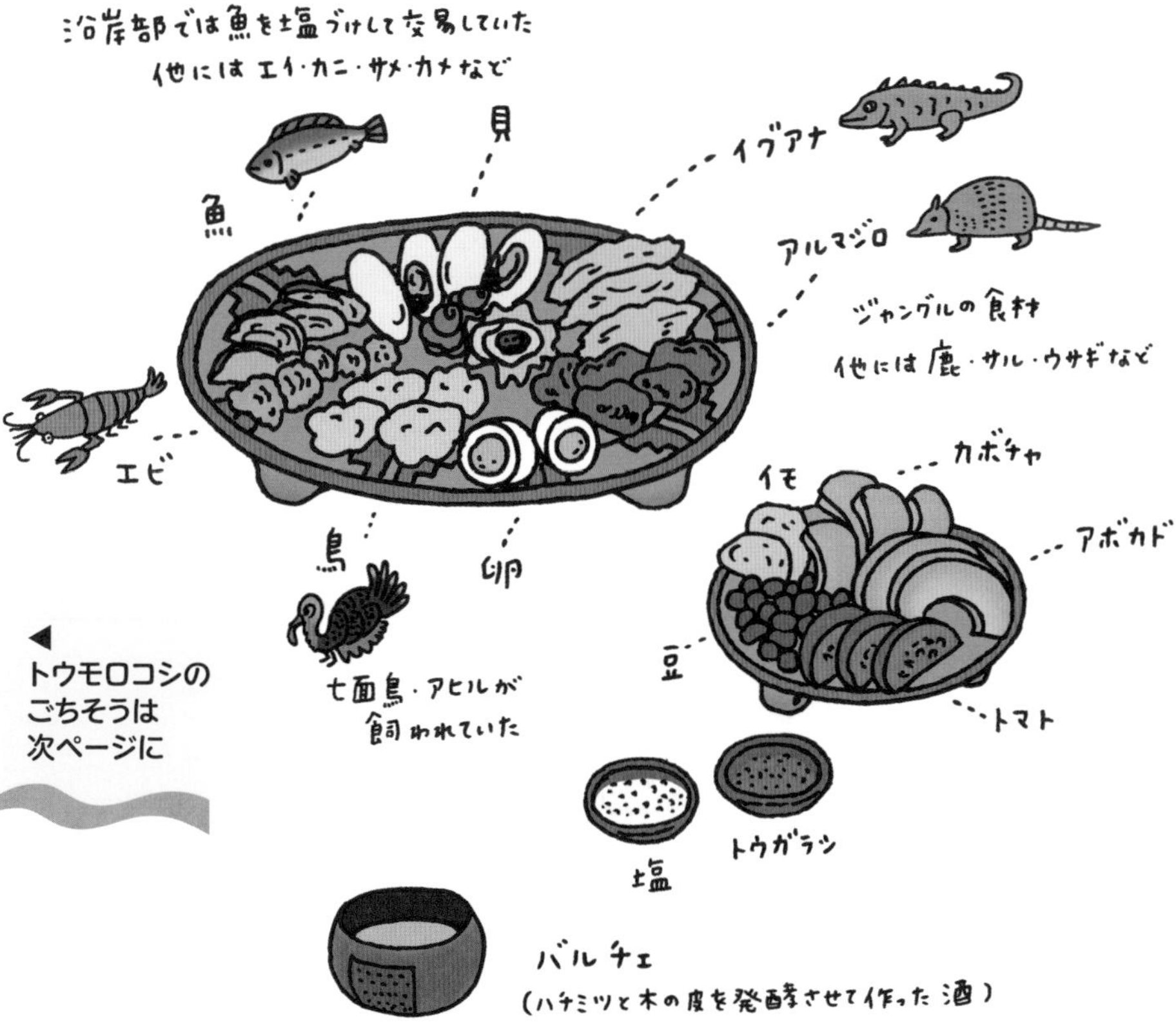

◀トウモロコシのごちそうは次ページに

庶民は何を食べていたの？

主食はトウモロコシ。栄養価をグンと高める調理法で食べていました。

庶民は何を食べていたのかといえば、なんといってもトウモロコシです。日本でトウモロコシを食べる際には、粒を残したまま蒸す、ゆでる、焼くというのが一般的ですが、マヤ地域では、さまざまな方法でトウモロコシを食べていました。特徴的なのがその下処理の方法です。それは石灰水でトウモロコシの粒を下ゆでする、というもの。この方法で下準備をすることで、トウモロコシに含まれるカルシウム、リン、鉄分の栄養価が飛躍的に上昇し、ナイアシンなどの栄養素も人体に吸収可能な形態に変化するというのです。

マヤ式 トウモロコシ Cooking
乾燥したトウモロコシの粒
石灰を入れた水でゆでる
粒がふっくらするよ！
ゆですぎ注意!! 苦くなっちゃうよ
弱火で
しーん
一晩さます
水で洗い果皮をとる
ていねいに細かくね！
マノ
メタテ
ニシュタマル
アトレ
ウル
水で溶いて
煮てお粥に

栄養価の上昇だけでなく、粒そのものも柔らかくて美味しくなり、粉末化して長期保存も可能になるという、トウモロコシを主食にする人たちにとって夢のような話。この石灰水でゆでたトウモロコシをニシュタマルといい、ニシュタマルで作った生地は、今もメキシコ料理で使われています。例えばトルティージャはニシュタマルのペーストを薄く伸ばして焼いたもので、具を挟んだりスープに浸したりして食べます。

またニシュタマルのペーストをトウモロコシの葉に包み、蒸して調理したタマルという料理もありました。

庶民は主食であるトウモロコシの栄養を無駄なく体内に取り込めるように工夫し、さまざまに調理しながら食べていたのでしょう。そこに、カボチャや豆類、たまには狩猟で捕まえた動物の肉などをおかずにしていたようです。

タマル（蒸し団子）
王や貴族のごちそう
でもあった。
マメや肉を
入れたら
ごちそうだよ
蒸す
トウモロコシの
葉に包んで
かあちゃん
カボチャ
はさんでー
しっかり
こねるよ
こね
こね
コマル
トルティージャ
うすくのばして
焼く

大切すぎて神さまになったトウモロコシ

古代から現代に至るまで、トウモロコシはメソアメリカの地域の人々にとって主食であり、非常に大切な食べ物でした。マヤの神話では、トウモロコシの粉を練ったものから4人の男が創られたと語られています(p.124)。人々はトウモロコシから生まれたと信じられていたのです。トウモロコシは神格化され、さまざまな場面で描かれました。

トウモロコシの神

古典期の多彩色土器に描かれたトウモロコシの神。生命力の象徴として、若い男性の姿で描かれることが多い。

D. Reents-Budet『Painting the Maya Universe』を参考に作画。

ナランホ遺跡出土の円筒型壺に描かれた、豊穣を祈って踊るトウモロコシの神(右)と小人。

嘉幡茂『図説 マヤ文明』(河出書房新社)をもとに作画。

コパン遺跡出土のトウモロコシの神の石像。

『神秘の王朝 マヤ文明展』(TBS)をもとに作画。

トウモロコシの神はマヤの神々の中でも特に重要視されていたため頻繁に登場します

コパン遺跡の広場中央から見つかった奉納品。ウミギク貝の中に手のひらサイズのトウモロコシの神が収められている。

『神秘の王朝 マヤ文明展』(TBS)をもとに作画。

パレンケの王、キニチ・アーカル・モ・ナーブ3世の肖像（パレンケ遺跡）。

トウモロコシ畑

トウモロコシが安定して供給されるようになるにつれて、メソアメリカの文明は発展していった。

トウモロコシの4つの色

トウモロコシの黄、白、黒、赤の4色は、宇宙の4方位を表す色とされた。

COLUMN

どんな調理道具があるの？

古代マヤ地域には鉄はなく、従って鉄の包丁やはさみなどはありませんでした。代わりに、石器の包丁やメタテ（トウモロコシをすり潰す石皿）などの石製の調理道具や、土器などが使用されました。メタテは現在でも使われている道具のひとつです。他にはトルティージャを焼くためのフライパンのようなコマル（49ページ）と呼ばれる薄い土器もありました。コマルは現在、鉄のフライパンになっていますが、調理形態としては現在でも同様の方法が用いられています。

　また、タマルは地中に穴を掘って蒸す方法で作られましたが、そのために用いられる土器もありました。これは日本でも縄文時代に行われていた調理方法です。

　もちろん、すりこぎや、スープをかき混ぜたりすくったりする木製のおたまなどもあったはず。

　そして食べるときは土製や木製、植物の葉などをお皿やお椀にしながら、古代マヤの人たちは日々の食事をしていたのでしょうね。

マヤ時代の調理道具

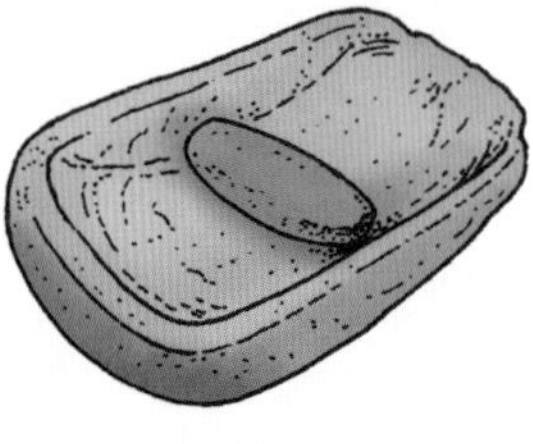

メタテ（石皿）とマノ（すり石）
石製

万能ナイフ（石刃）
黒曜石製

貯蔵用・煮炊き用の壺
土製

頭に載せるため
底がくぼんでいる。

水瓶
土製

知られざるマヤ文明
3章

王の役割と農民の日常

ほう〜
なかなか良いものを持ってきたな かわりに欲しいものはあるか?

マヤ社会は階級社会

王を頂点とするピラミッド型の社会でした。

ここでは改めてマヤの社会構成についてお話しします。

マヤの社会は、大きく分けて支配者層と被支配者層に分かれていました。支配者層とは各地域を統率する王さまと、王さまを支えるエリートたちです。多くが王さまの血縁者でしたが、中でも石板や土器に文字を彫ったり書いたりする書記は支配者層の中でも特別な存在だったようです。そう考えると支配者層の中でも役割に応じてランクがあったといえそうです。

支配者層がいる一方で、被支配者層と考えられる人たちはマヤの社会の大多数をしめました。つまり、ほとんどが被支配者層であり、彼らによって、その上に君臨する王さまをはじめとした支配者層は支えられていたのです。

被支配者層は農耕を中心に、物を各地に運ぶ運搬業や交易などを行う人もいました。薬草の知識を持つ人や、呪術に長けた人もいたはずです。

庶民はピラミッドや大型の建物を造るときには労働者として駆り出されたでしょうし、支配者層へさまざまな奉仕をしたことでしょう。

こうしてマヤの庶民は自分たちが生きていくだけでなく、支配者層をも支え続ける暮らしで、大変だったにちが

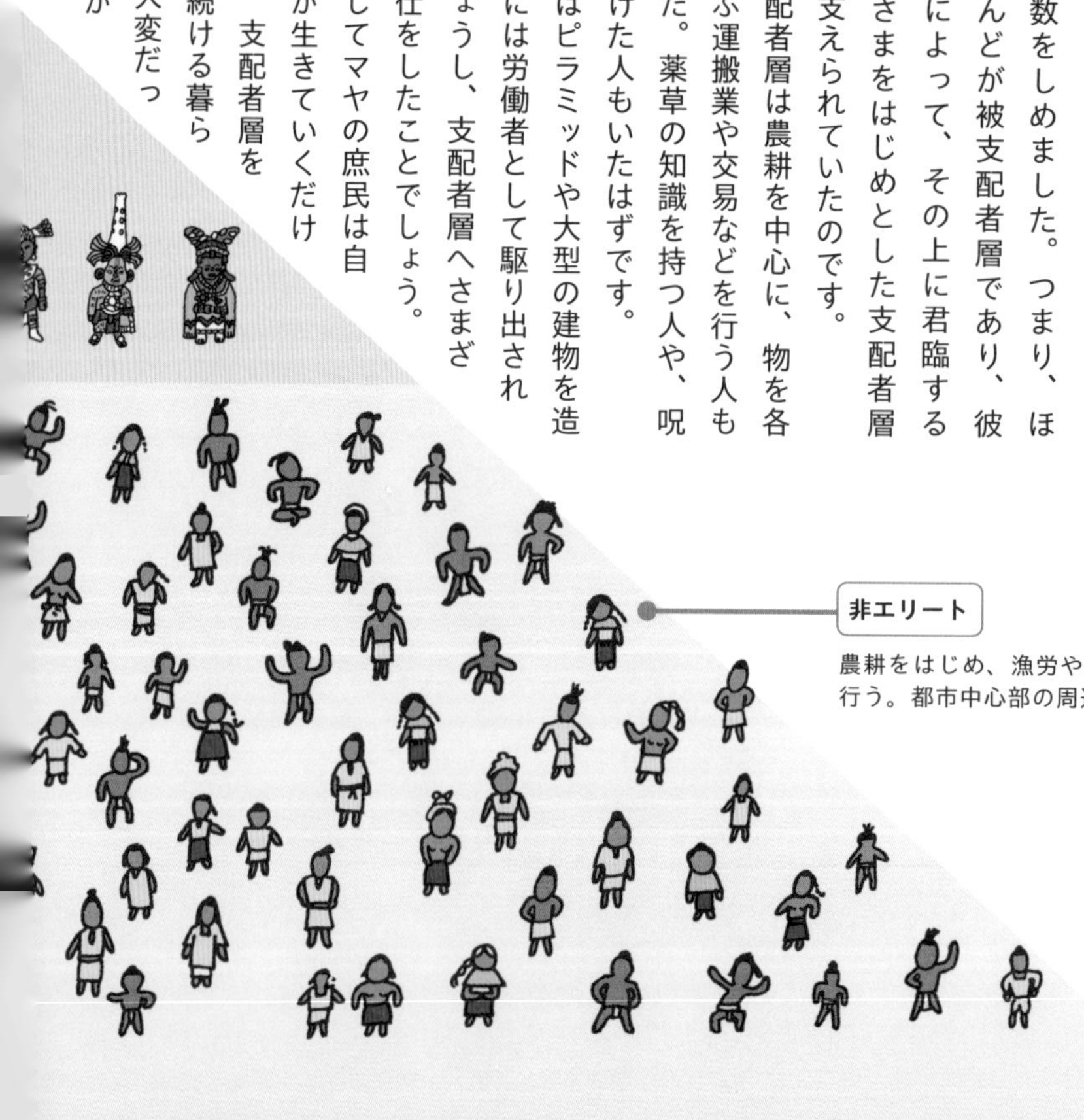

非エリート

農耕をはじめ、漁労や交易などを行う。都市中心部の周辺に居住。

いありません。

　ですが庶民の多くが携わる農耕に儀礼は欠かせず、神さまとつながり、儀礼を遂行できるのは王さまと神官という支配者層たちだけ。また、近隣地域との戦いに行くのも、多くが支配者層たちでした（58ページ）。そんな状況ですから、支配者層といっても富と権力を手にして遊んでばかりだったわけではないのです。

　支配者層にいるために、命をかけて仕事に当たっていたのがマヤのエリートであり、その姿を見ているからこそ庶民は王さまを神聖化して支え、持ちつ持たれつの関係を保っていたのかもしれません。

エリートと非エリートの2階層社会

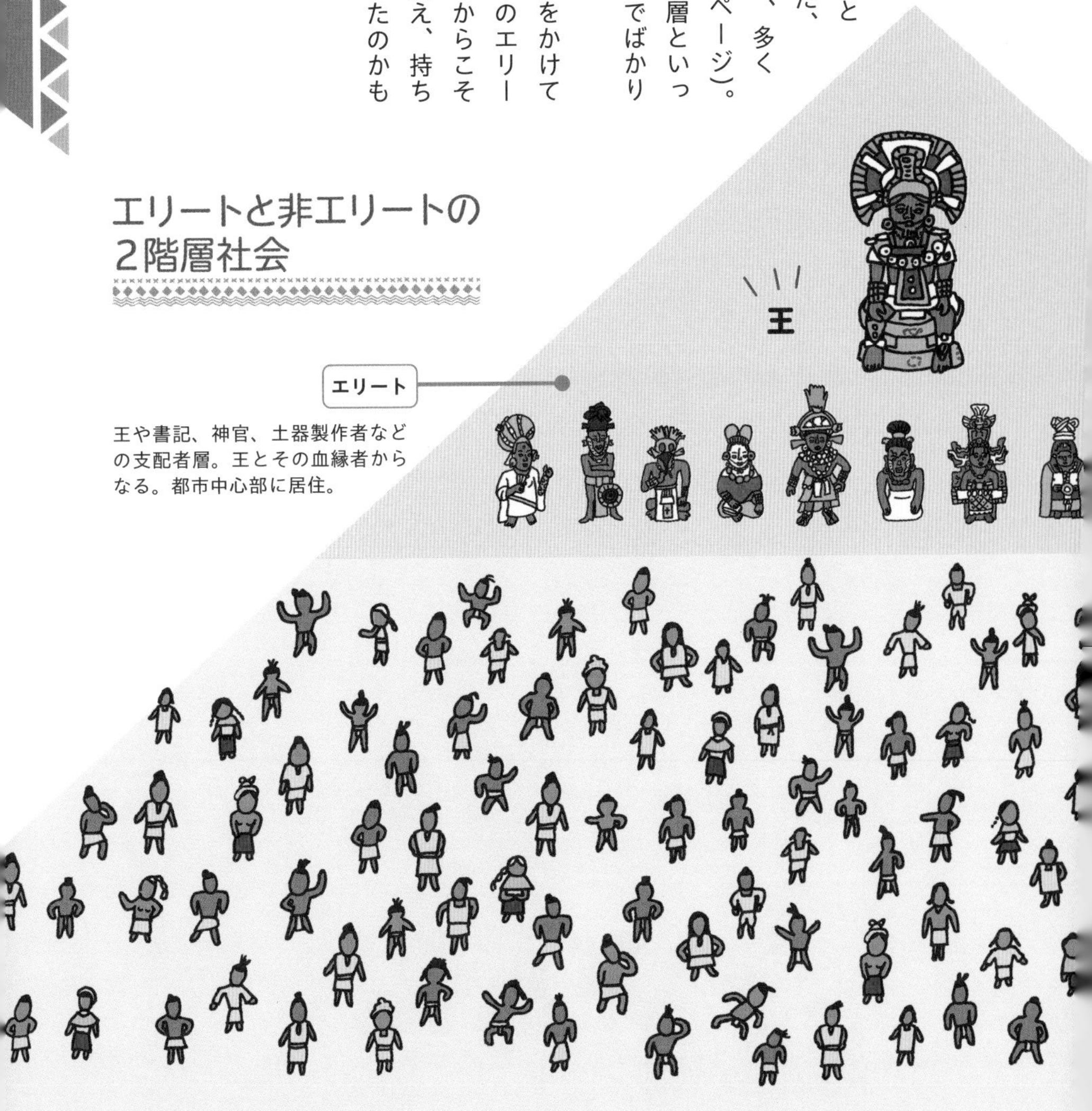

王や書記、神官、土器製作者などの支配者層。王とその血縁者からなる。都市中心部に居住。

王ってどんな仕事をしていたの？

強力な神聖性を持ち、民のために命懸けで仕事をしていました。

マヤ文明の王さまって一体何をしていたのでしょう。カカオドリンクを飲んで精力をつけ、玉座にふんぞり返って座っている、なんて姿を想像してしまいますが、実際にはいろいろな役割がありました。

今でも予期せぬ天災や自然環境の変化によって、丹精込めて育てた農作物がダメになることがあります。それは当時のマヤ地域でも同じこと。今のような天気予報もない中で、天候不順などは切実な問題でした。

そこで王さまは自然環境を支配する超自然的存在や神さまにつながり、農作物が安定して収穫できるように祈りを捧げる儀式を行っていたのです。そのように神さまとつながることができる王さまは特別な力の持ち主であり、神聖性を帯びた存在であると庶民は認識しました。

他にも役割がありました。他の地域との戦いとなれば、王さま自ら戦闘集団を率いて戦います。この際、敵方から捕虜を獲得し生贄にすることで、王の偉大さをより強固にし、民衆に知らしめたのです。

つまりマヤの王さまは、支配地域を政治的、経済的に統治して生活の安定をはかるだけでなく、司祭であり最強の戦士でもあらねばならない、カリスマ性を持った存在だったのです。そのような王を「神聖王」と呼んでいます。

新王の即位

王家に生まれた男子が王位を継承して王となる。

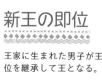

偉大なる〜
おちからでー
太陽は〜光り輝き
雨よ降れー
ぐんぐん
ぐんぐん育てよ
トウモロコシ〜
どうか どうか
われらに
たくさんの
恵みを〜

儀式を行う

毎日のように暦に応じた儀式を行い、神に祈りを捧げる。

戦いに行く

オリャーッ

戦いがあれば
先頭に立って戦う。

うぎゃー

戦いでいちばん狙われるのは王。捕獲された王は、心臓をえぐられたり、首を斬られたりする…。

戦う王さま

王としてのカリスマ性を保つため、超自然の力を取り入れて戦っていました。

戦争といえば、支配者層は安全な場所から戦況を確認しつつ指示を出し、庶民や兵士が前線に送り込まれて散っていく、というイメージを浮かべる人もいるのではないでしょうか。しかし、マヤの戦争は違いました。

戦いに赴くのは、主に王さまをはじめとするエリート層。敵の王さまを捕虜にするという戦いが繰り広げられていたのです。鉄器のないマヤでは、戦う武器も石器。石槍や石刃が嵌《は》め込まれたこん棒などが使われていました。

また特に古典期では、王さまをはじめとする支配者層は、ジャガーの毛皮

武器

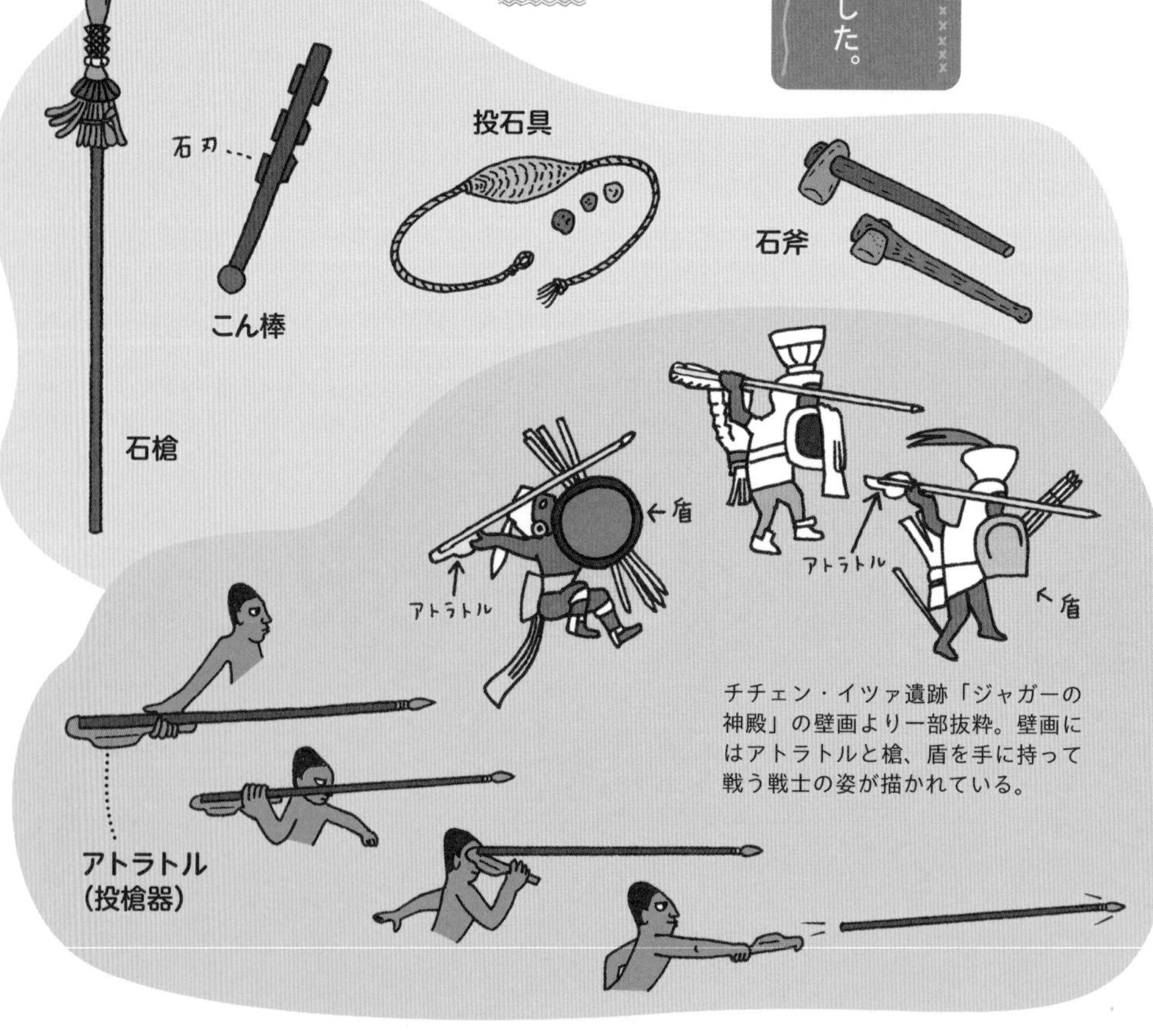

チチェン・イツァ遺跡「ジャガーの神殿」の壁画より一部抜粋。壁画にはアトラトルと槍、盾を手に持って戦う戦士の姿が描かれている。

をまとって戦っていました。その神聖な力（霊力）を自らと融合させて、超自然的な力を手に入れようとしていたのです。マヤ文明の世界観をよく表しているといえます。

　ところが古典期の終わりになると、各地で戦争が激化。その結果新たな社会秩序が生まれ、後古典期になると戦いはより大規模化していったと考えられています。

　征服や略奪が目的なのではなく、捕虜を獲得して王としての権威を高め、都市を維持するのが最大のミッションだったマヤの戦い。負けた方も一時的には弱体化するけれど、また力を蓄えて復活を狙っていました。相手を徹底的に潰しきらないのがマヤの戦いだったといえます。

　その戦い方が崩壊し、他の都市を破壊するような戦い方になったときに、マヤの社会が崩壊していったと考える研究者もいます。

防具

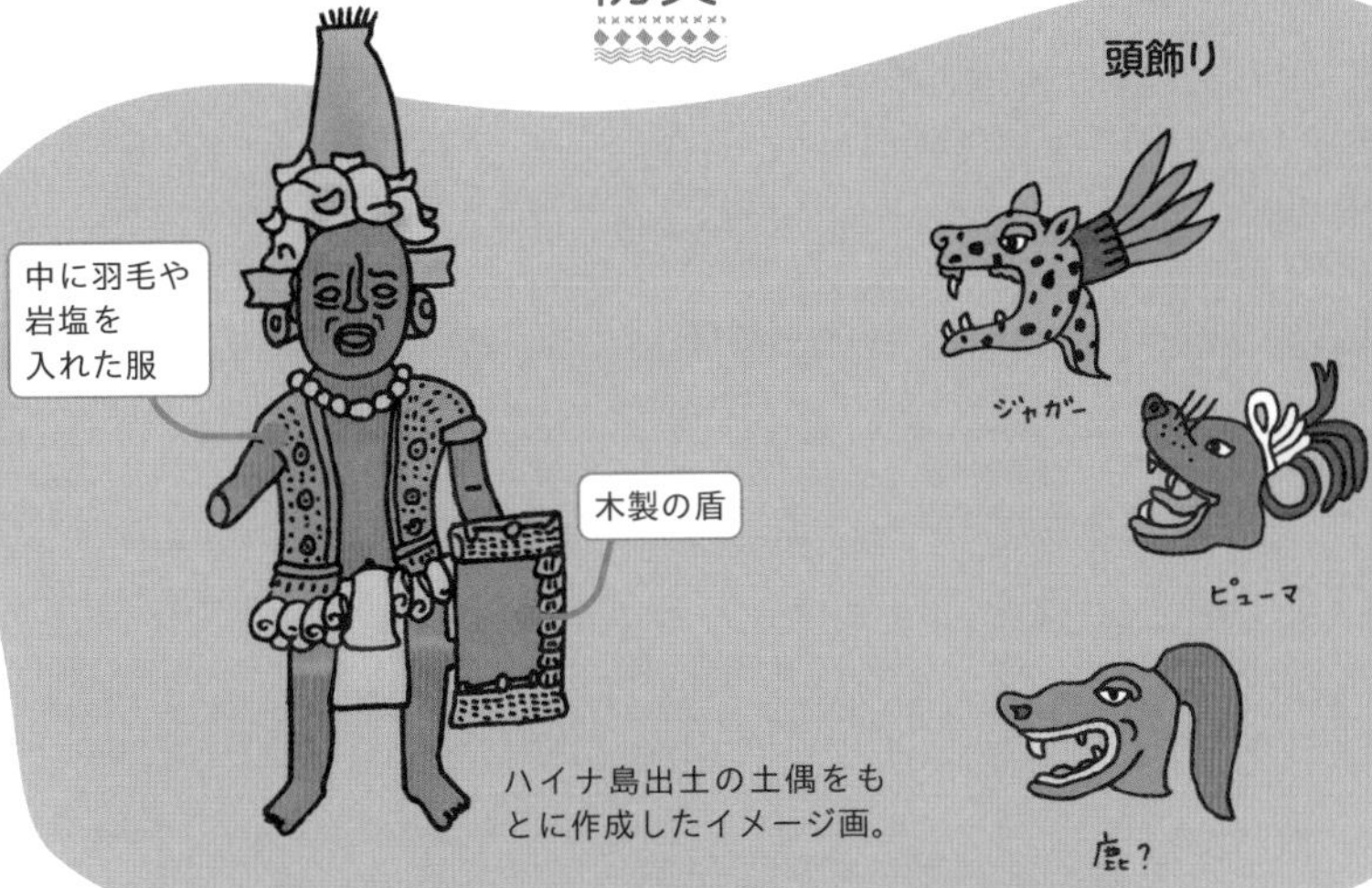

ハイナ島出土の土偶をもとに作成したイメージ画。

音楽隊もいました

ボナンパク遺跡の第１の部屋に描かれた楽団より。
National Geographic Image Collection を参考に作画。

どんな儀式をやっていたの？

すべてのことは犠牲と痛みがあってのもの。率先して自らの血を捧げていました。

王さまの仕事の中には、儀式を行うということがありました。どのような儀式だったのでしょうか？

マヤの人々は、神々にお願い事をする際には感謝と畏怖の念から、神々の活力源になるよう、人間の血を捧げなければならないと考えていました。お願い事の代償と考えていたかもしれません。その人間の血は支配者である王や、捕らえた敵方の王など、高位の者の血でなければなりませんでした。

神々に血を捧げる方法とはどのようなものだったのでしょうか。それは例えば、コパルという香木を焚きながら、

儀式に使われたもの

針

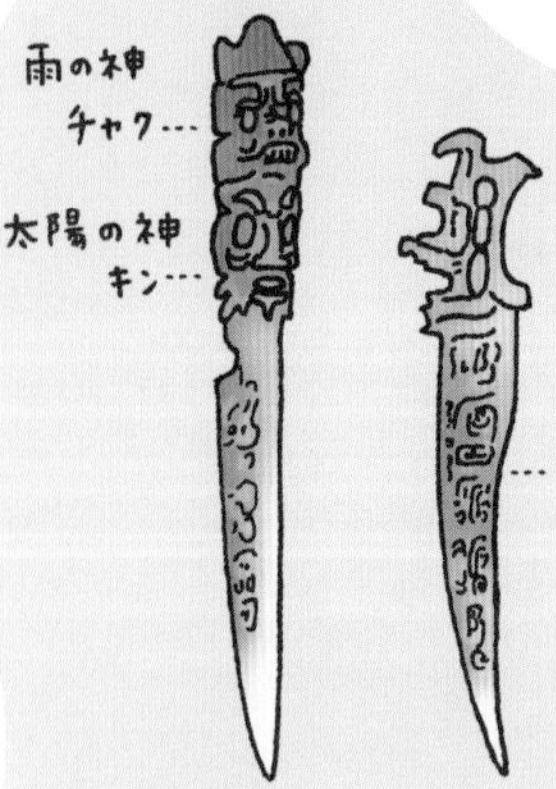

骨製の針（ヤシュチラン遺跡）。

香炉

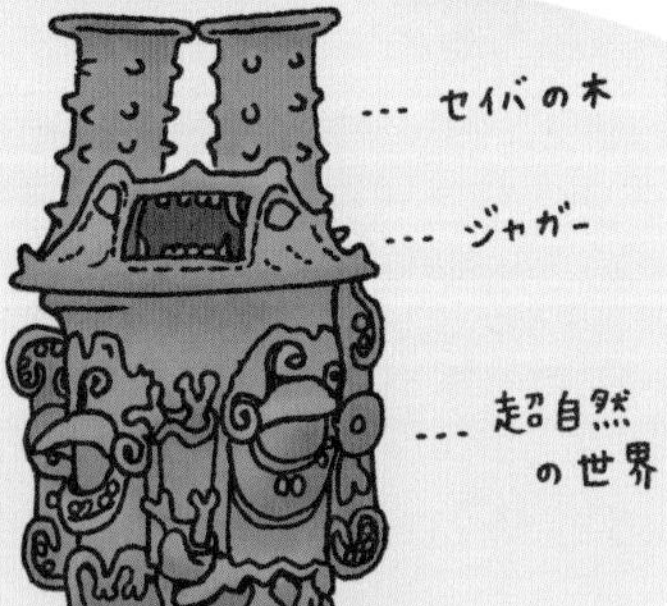

怪物形の香炉（コパン遺跡）。

アカエイの棘

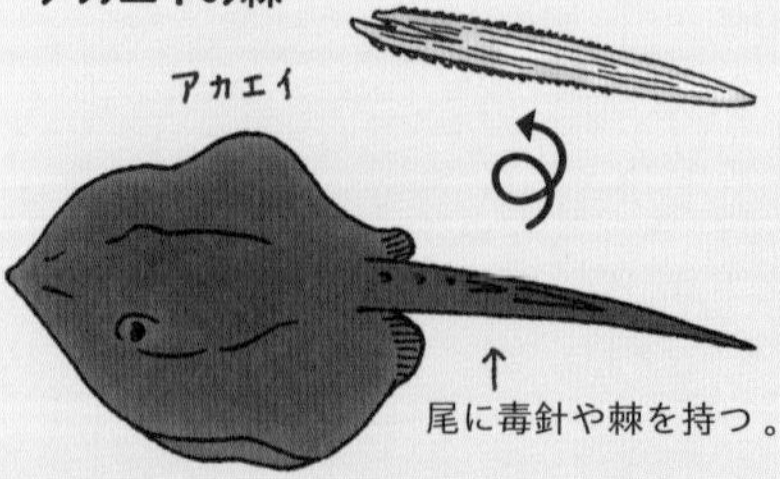

尾に毒針や棘を持つ。

三脚皿

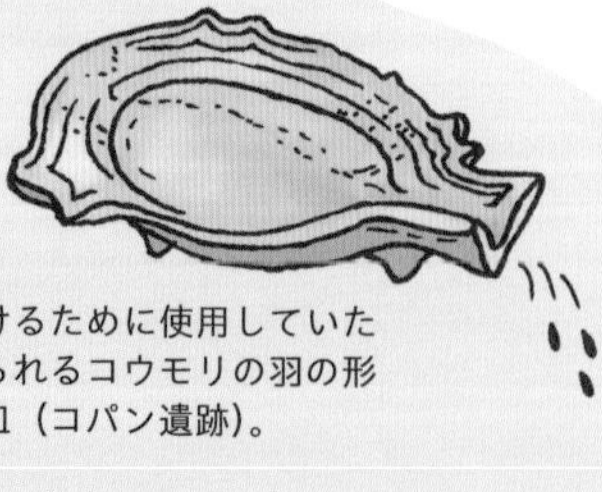

血を受けるために使用していたと考えられるコウモリの羽の形の三脚皿（コパン遺跡）。

針、香炉、三脚皿は『マヤ文明展 図録』（毎日新聞社、毎日放送）をもとに作画。

王さまが自ら自分の性器にアカエイの棘《とげ》を刺し、大地に血を流す、というもの。このような儀礼を放血の儀礼といいます。放血の儀礼は、女性が行う場合もありました。舌にロープを通しそのロープ伝いに足下に置かれている器に血をしたたらせるのです。器には樹皮紙が置かれていて、それを燃やして地下の世界にいる祖先を呼び出し、託宣を得たといいます。

また、夜間に地下界で戦う太陽に活力を与え、再び太陽が昇るようにさせるためにも人間の血が必要とされました。

このような犠牲は、地域を支配し王として君臨するため、また特権を享受するための代償ともいえるでしょう。マヤの王さまは文字通り、自らの身を削って、神々と庶民からの信頼を得ていたのです。

放血の儀礼

ヤシュチラン遺跡の 24 号リンテル * をもとにしたイメージ。王（左）のかざす松明の下で王妃が放血の儀礼を行っている。

L. Schele, M. E. Miller『The Blood of Kings』を参考に作画。

* リンテル：まぐさ石。出入り口の上部に水平に渡す石材のこと。
ヤシュチラン遺跡には、王の即位や儀礼の様子が描かれたリンテルが多数残されている。

儀式に必要なものってなに？

儀式にはタバコやお酒、キノコが欠かせなかったようです。使い方も独特でした。

マヤ文明では、何かと王さまが儀式を行い、神さまや超自然的存在とつながって神託を受けるということが行われていたわけですが、一体どうやって神さまとつながったのでしょうか。

　儀式の際にはタバコとお酒、そして幻覚キノコが欠かせなかったようです。まずはタバコですが、タバコは吸うだけでなくお香としても利用されました。これは現在のマヤの人の中にも残る風習で、呪術師が祈祷を行うときにタバコを吸い、煙を吐き出しては呪具に吹きかけたりしている様子を見ることがあります。

　タバコの他に、神殿などでは、コパルと呼ばれる香木が絶えず焚かれていたそうです。この樹脂香はスパイシーかつ、バニラのような甘い香りがします。多くの国で香りの文化の始まりは神々に捧げられたものでした。香りには場を浄化する力があるとも考えられていますから、マヤの神殿で常に香が焚かれていたのは場の浄化を行っていたのかもしれません。

　そして神さまとの関係において、世界中で使われるのがお酒です。マヤ文明におけるお酒は、発酵ハチミツとある種の樹皮から作られるバルチェと呼ばれる飲み物（47ページ）が多用されました。この樹皮には毒性成分が含まれ、頭をぼうっとさせる効果もあったとか。

　そして最後は幻覚キノコですが、どうやらベニテングダケなどの毒キノコが、儀式の際には使われていたようです。ベニテングダケには精神を高揚させる効果や、幻覚をもたらす作用があるとされます。

　ではどのようにしてこれらを使ったのでしょうか。

　マヤ文明の資料の中には、お尻に道具を刺し、直接アルコールや幻覚剤を腸に吸収させている絵が描かれています。腸から直接摂取するのは、嘔吐を避けるためとも。また、吸収も早く、そして効果も高かったのではないでしょうか。

　神さまと交信したり神託を受けたりするために、王さまや神官は大変な思いをしていたということは間違いなさそうです。

儀式に使われた自然の幻覚剤

マヤの儀式では、幻覚キノコ、野生のタバコ、バルチェ、メソアメリカの白睡蓮、ヒキガエルの毒などの幻覚剤が使用されていた。

よく使われた幻覚キノコ

『マドリード絵文書』より。黒く描かれた人物が左側の人物に差し出しているのはベニテングダケであると考えられている。「シミ」という文字は死を意味することから、このキノコが地下界と関係を持つこと、あるいはキノコの毒性を示していると推定されている。

マヤにはタバコの神さまもいました

ジャガーの毛皮のケープと大きな羽根の頭飾りをつけたタバコの神。左手に槍を持ち、右手にパイプを持っている（450 ～ 500 年、グアテマラ、土製、ロサンゼルス・カウンティ美術館蔵）。

Photo: LACMA（www.lacma.org）

マヤには浣腸もありました！

儀式のために浣腸をする男（600 ～ 900 年、グアテマラ、土製、ロサンゼルス・カウンティ美術館蔵）。

Photo: LACMA（www.lacma.org）

儀式では音楽も捧げられました

世界のあらゆる民族に音楽があったように、マヤ人にも音楽は欠かせないものだったようです。

マヤ文明では儀式を頻繁に行っていましたが、その際、音楽などはなかったのでしょうか。

音楽は世界中の民族の中に存在していますが、古来、音を奏で、それに合わせて歌い踊るということは神さまとつながることであり、神さまを喜ばせるための行為でもありました。

もちろん、マヤの儀式でも音楽はありました。音楽のリズムと摂取した幻覚剤やアルコール類によって王さまや神官たちがトランス状態になることは、儀式の場で必要なことでした。

ボナンパクの壁画には太鼓にラッパ、亀の甲羅の打楽器や、マラカスのようにガラガラと音が鳴るひょうたん、オカリナのように土で作られた笛などが描かれていました（59ページ）。戦士を鼓舞することもあれば、凱歌を上げることもあったでしょう。音楽を奏で、戦いの神さまを呼び寄せることもあったかもしれません。

他には人身供儀の際、生贄にされた捕虜を前に、けたたましい叫び声やラッパの恐ろしい響きを捕虜に浴びせながら襲いかかる場面が記録に残されていたりします。

庶民も、呪術師による治療の場で、音を鳴らして魔を追い払うような祈祷をしていたかもしれませんし、農耕の祭りなどにも音楽は欠かせなかったのではと想像できます。

土製のオカリナの中には人や動物、神像をかたどったものもあります。さまざまな形をしたオカリナを吹くと、ピーッという高音やボーッという低音など、さまざまな音が鳴りますが、これらはいずれも神さまに捧げる音でした。

マヤ文明において音楽は、神さまとつながるためにも欠かせない大切なものであり、生きていくために必要だったのです。

マヤの楽器たち

ホラ貝

グアテマラ東南部で
見つかったもの。

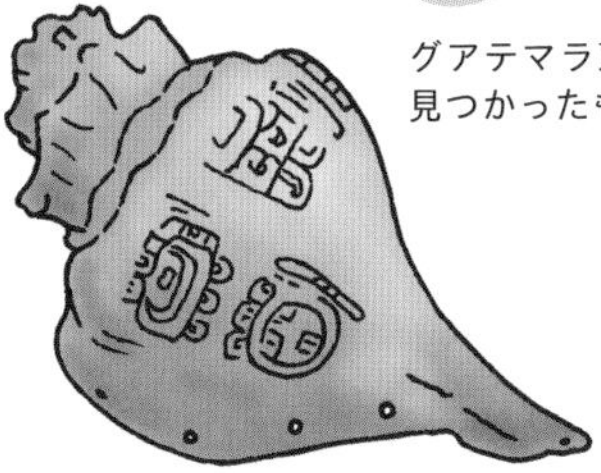

土製の太鼓

左はマヤ低地、右は
アグアテカ遺跡で見
つかったもの。

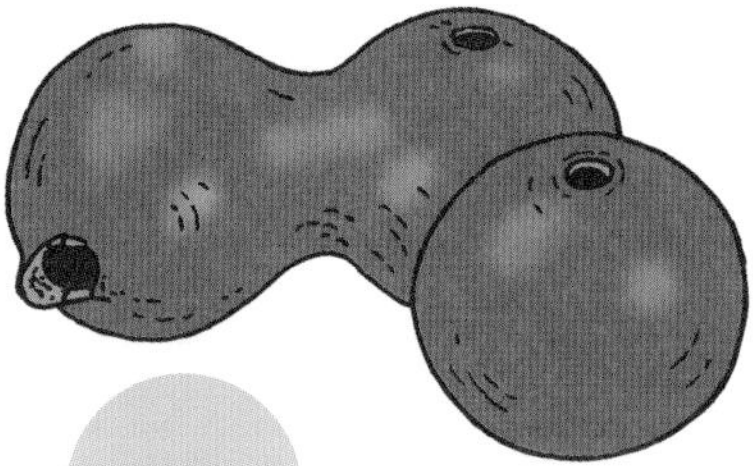

オカリナ

グアテマラ北東部で
見つかったもの。

土製の笛

亀の甲羅を叩く人物の像
(コパン遺跡)。

音楽に合わせて踊る王の姿も

ドス・ピラス遺跡
出土の彩色皿。

すべて『神秘の王朝 マヤ文明展』(TBS) をもとに作画。

貴族はなんでもできました

書記 兼 工芸家 兼 戦士。さまざまな業務をこなしていたようです。

ここでは貴族の仕事についてお話ししたいと思います。

これまで見てきた通り、マヤの王さまは戦いに出たり儀式を執り行ったりと実に多くの仕事をこなしていましたが、貴族たちも同様でした。

王さまと共に戦いに行くことはもちろん、書記の役目を果たしたり石器を作ったり、特別な織物を織ったりと手工芸も担っていたのです。

例えば古典期のアグアテカ遺跡のある貴族の家では、出土の状況から貴重な石である黒曜石の石刃を作っていたことがわかりました。他の貴族の家からは、地

石碑を彫る書記

マヤ文字はエリートだけが扱うことができるものでした

アグアテカ遺跡の「石斧の家」からは彫刻用の磨製石斧などが見つかっている。

元産のチャート石を使った石器のかけらも見つかっていて、貴族たちが石器作りに従事していたことがわかったのです。

今でこそ書記は紙に文字を記す仕事ですが、当時のマヤ地域の書記は、石板に石器を使って文字を刻むことが仕事でした。コツコツと石に文字を刻む仕事はまるで職人のよう。文字の読み書きは支配者層のステータスであり、特権でした。

また、庶民は自らが着るための布を織っていましたが、貴族の妻も自ら織物を織っていました。綿で織られたものは支配者層のものだったことを考えると、特別な糸で、支配者層だけが身につけられる模様を織り込んでいたのかもしれません。

マヤ地域の支配者層はよく働く人たちだったといえそうです。

絵文書も描きました

アグアテカ遺跡の「書記の家」から出土した貝製の小型パレット。このようなパレットにインクを入れて絵文書を描いた。

『神秘の王朝 マヤ文明展』（TBS）をもとに作画。

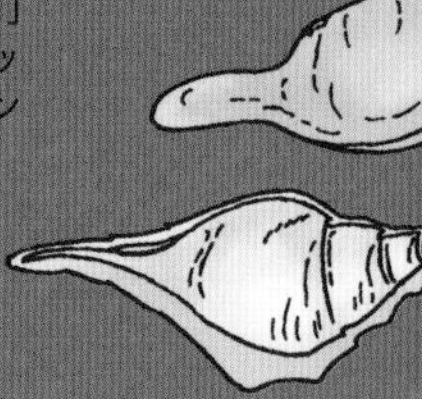

書記の石像（コパン遺跡）。

L. Schele, M. E. Miller『The Blood of Kings』をもとに作画。

書記の妻も働き者でした

機織りをする婦人。ハイナ島出土の土偶より。

P. Schmidt, M. Garza, E. Nalda『Maya』をもとに作画。

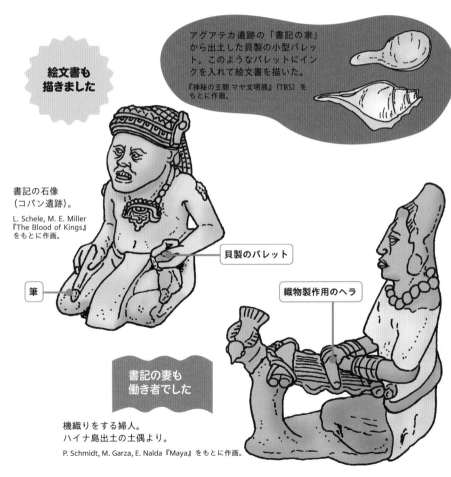

生活に欠かせない物々交換

発達したネットワークを持ち、物と情報が行き来していました。

マヤ地域の繁栄を支えるために欠かせなかったことのひとつに、交易が挙げられます。マヤを含むメソアメリカには発達した長距離ネットワークがあり、物々交換が活発に行われていました。例えば、ヒスイ。ヒスイは縄文人にとっても特別な石であり、原産地の新潟県の糸魚《いとい》川流域から交易品として各地に運ばれていましたが、マヤも同じで、貴重な交易品として流通していました。

　交易品はヒスイの他、同じく日本の縄文時代にも交易品だった黒曜石や土器はもちろん、マヤの支配者層が愛飲していたカカオドリンクの原材料のカカオ、儀式では欠かせないアカエイの棘《とげ》などがありました。自然環境が多様なマヤ地域では、これらの産地が限られるため、それらを所有する地域の支配者層にとって、資源をコントロールすることは自分の地域の繁栄を左右する重要な仕事でした。

　また、交易によって入手した貴重な品々は、自らの権威を強める威信財として利用されました。

　ここでポイントになるのが、物の交流だけではないということ。物が動くには人が動き、それに伴って情報も各地に流れます。こうして各地の情報、文化が行き交い、メソアメリカ共通の世界観が生み出されたのです。

　希少性の高い品々の交易だけでなく、庶民間でも生活物資の物々交換があったと考えられています。

　マヤ地域はそれぞれの地域が単独で成り立っていたわけではなく、各地が交易品を通じてネットワークを築くことで成り立っていた社会だったのです。

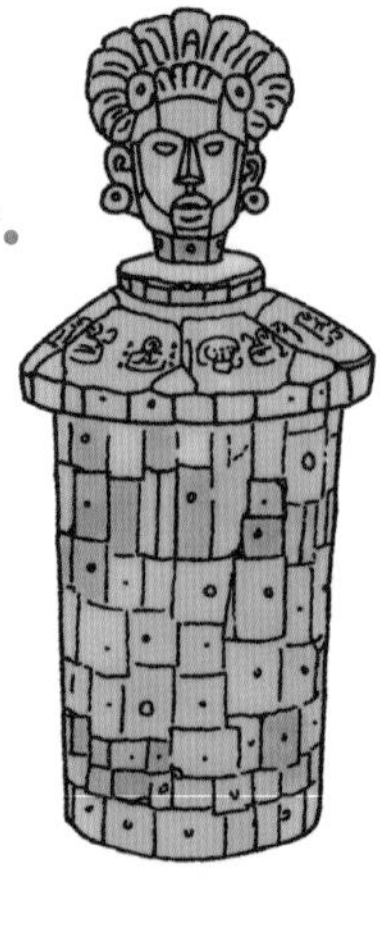

ティカル遺跡で発見された、蓋つきヒスイ製円筒型壺。ティカルの周辺ではヒスイは採れないので、交易によってもたらされたと考えられる。

『神秘の王朝　マヤ文明展』（TBS）をもとに作画。

マヤ地域の交易地図

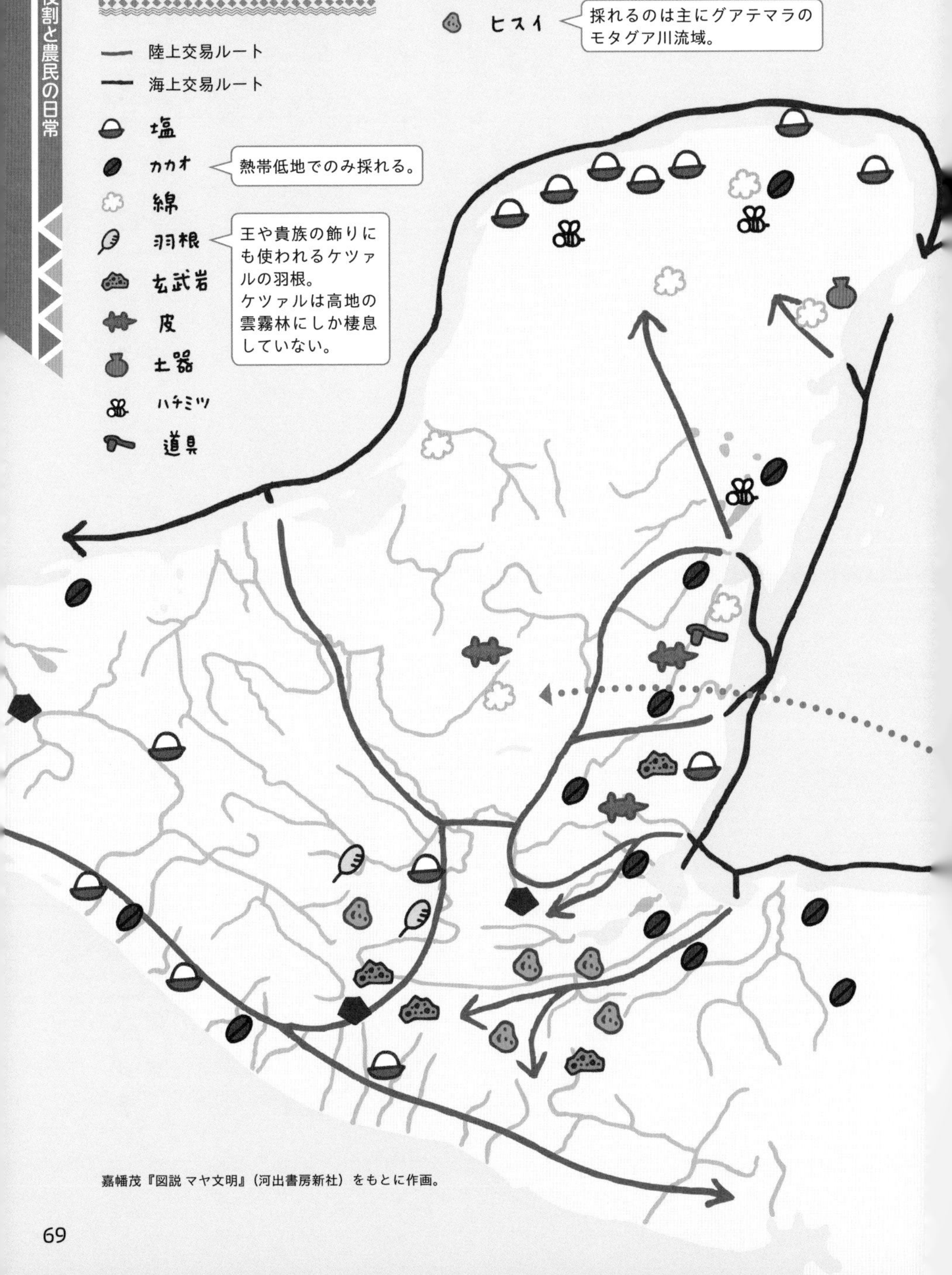

嘉幡茂『図説 マヤ文明』（河出書房新社）をもとに作画。

庶民はどんな暮らしをしていたの？

農作物の栽培をしながら、たまに市を開いて物々交換をしていたかもしれません。

世界各地でもそうであるように、マヤ地域でも、狩猟採集に依存した生活から、半定住、そして定住農耕生活へと人々の暮らしは変化していきました。

　定住農耕が始まったのは先古典期前期の頃。その前の時期にはすでにトウモロコシ、インゲン豆、カボチャ、トウガラシ、アマランサス、サツマイモ、アボカドなどの栽培化が始まっていたようです。自分たちの暮らしを支える有益な植物の栽培化が、狩猟採集の生活から定住

市場の場面

カラクムル遺跡の壁画より。中央左の女性がアトレ（p.48）の入ったかめを右の女性に渡している。

荷物を降ろしなさい
アトレの人

M. Coe『The Maya』をもとに作画。

農耕の暮らしにシフトチェンジする要因になったのかもしれません。

こうして庶民は、日々農業に従事しながら合間に女性は家族が着るものを織ったり、土器を焼いたり、生活用具を作ったりして日々を過ごしていたようです。

また、食べ物や生活道具に余りがあれば、それを持ち寄って物々交換する市などが開かれていた可能性もあります。

実際に市が開かれていたとしたら、日々農業に追われる庶民にとって楽しい場になったのではないかと想像してしまいます。

もしもマヤに市場があったなら

マヤの農業ってどうやっていたの？

焼き畑農法を中心に、地域によっては独特の灌漑《かんがい》農法も行っていました。

マヤ人の主食といえばトウモロコシですが、その祖先と考えられるトウモロコシが栽培され始めたのは今から約7000年前のこと。粒が6〜10粒ほどという非常に小さな植物だったトウモロコシは、突然変異によって現在のトウモロコシの原種が誕生。さらに改良されて粒が多い大型のトウモロコシになったと考えられています。

ではどのように育てられていたのでしょう。

マヤ地域で広く普及していたのは、焼き畑農法でした。しかし焼き畑農法は休耕期間を設けずに同じ場所で栽培し続けることで土地が痩せ、収穫量が減ってしまう問題があります。

一方、マヤ低地の焼き畑に不適切な地域では、湿地や浅い湖沼の土を積み上げて、盛り土の農作地と水路を格子型に作る灌漑農法が行われていました。この農法は収穫量が多く、安定的に作物を生産することができました。これによってマヤ低地の発展が支えられたともいわれます。

いつの世でも、どんな世界でも、庶民は生きることに真摯に向き合い、知恵を絞ってきたのだなと感心させられてしまいます。

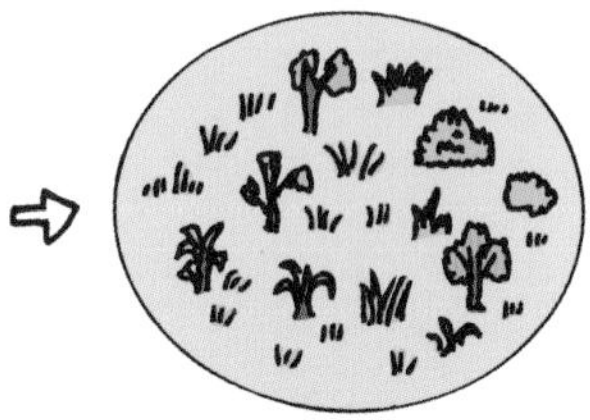

土地を休ませる。

チナンパ農法

盛り土による灌漑農法は、メキシコでは「チナンパ」と呼ばれ、現在でもメキシコシティの近郊で行われている。土を掘った後にできた溝は水路として利用される。

『マドリード絵文書』より。右に種をまく男が描かれている。このような掘り棒を使って種をまく方法はマヤ時代から連綿と受け継がれ、現在も中米ではこの絵と同じ方法でトウモロコシの栽培が行われている。

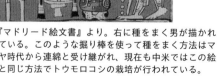

焼き畑農法

休耕期間が必要。十分に休ませずに繰り返し作物を栽培すると生産力が落ちる。

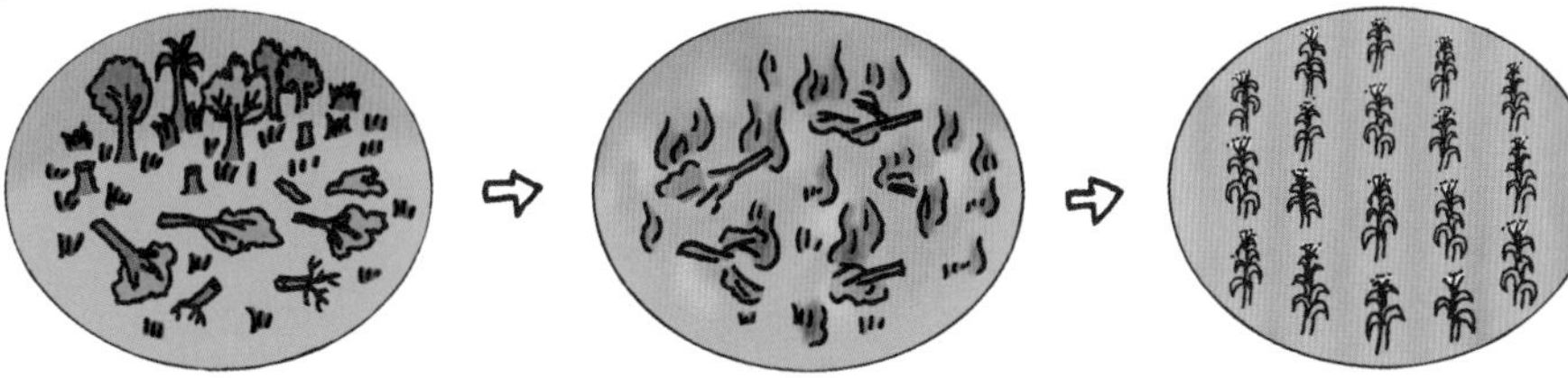

畑にしたい森林や草地を切り開く。　草木を焼く。　作物を植えて栽培する。

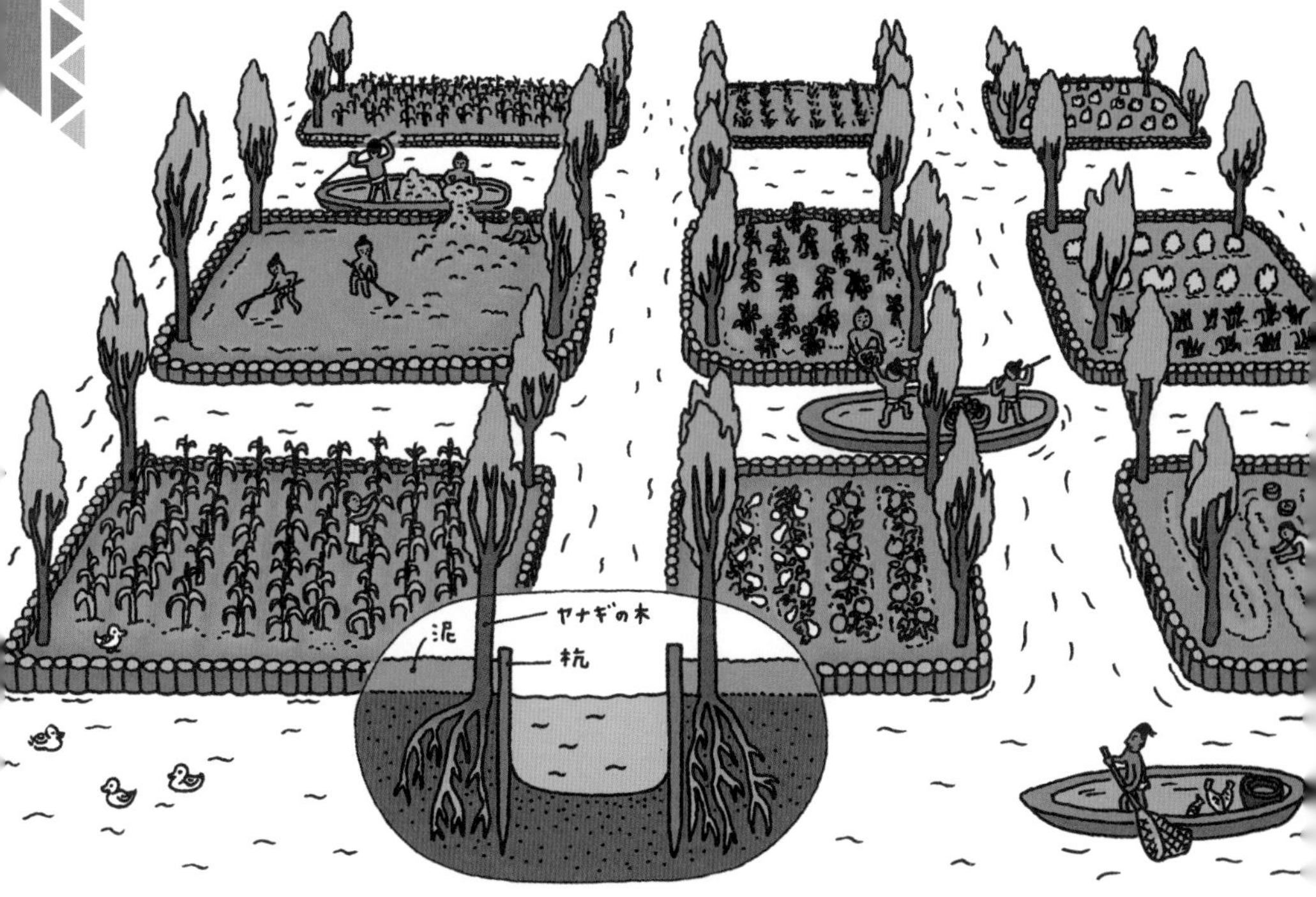

「CHINAMPAS」(www.thearchaeologist.org) を参考に作画。

進化したトウモロコシ

テオシンテと呼ばれる野生種は粒が少なく、皮膜が硬い。突然変異や、粒が多く皮が柔らかい個体を選んで繰り返し育てていくことで、長い年月をかけて食用に特化したトウモロコシが作られていった。現代のトウモロコシは一房に数百の粒を持ち、皮も柔らかいが、人の手がないと繁殖ができない栽培専用の植物。

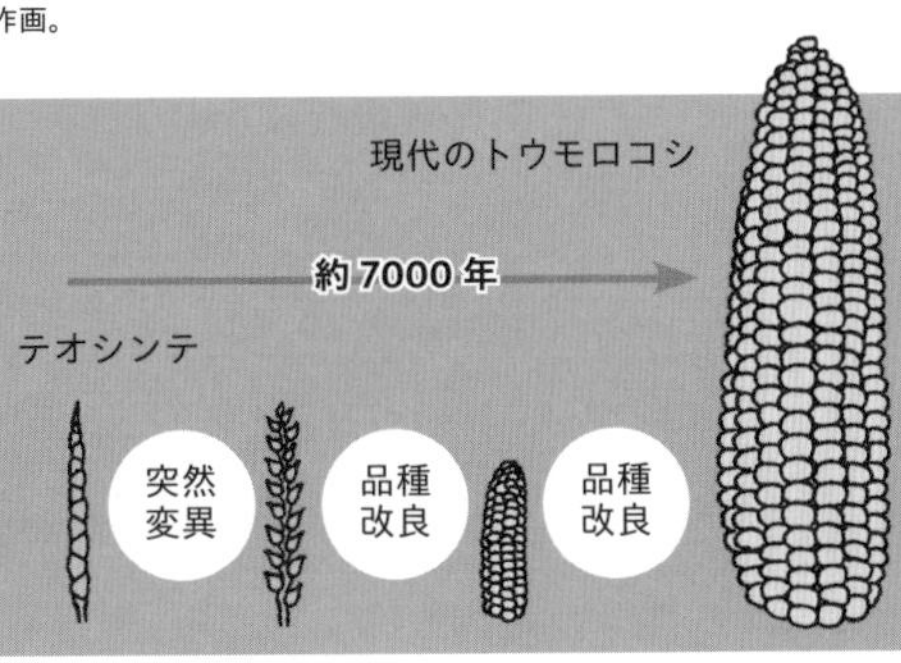

COLUMN

赤の女王

古典期の都市、パレンケの中でもその名を轟かせたのがキニチ・ハナーブ・パカル1世ですが、妻のツァクブ・アハウも負けてはいませんでした。彼女を一躍有名にしたのが埋葬状況の豪華さ。数多くの副葬品と共に顔にはマラカイトの仮面、身体と周囲には赤色顔料に用いられる辰砂《しんしゃ》が撒かれていたのです。その様子から「赤の女王」とあだ名がつけられました。辰砂は硫化水銀という鉱物で、精製すれば水銀を得ることもでき、漢方薬になることも。

非常に貴重な辰砂を惜しげもなく死後に撒かれたのは、周りの人は蘇りを祈っていたのかも？と、想像してしまいます。

Ariadne Van Zandbergen / Alamy Stock Photo

知られざるマヤ文明
4
章

マヤ文明を形作るもの

マヤのピラミッドは赤かった？

密林に埋もれて発見されたピラミッド。
実は造られた当時は
真っ赤に塗られていたことがわかりました。

ピラミッドといわれて頭に浮かぶのはエジプトのピラミッドという人も多いのではないでしょうか？ マヤ文明でも、ピラミッドが造られていました。巨大な石を積み上げたエジプトのピラミッドとは違い、マヤのピラミッドはいくつもの基壇を重ねた階段状の形をしているのが特徴です。

ここでは古典期に1000年以上栄えた都市、ティカルのピラミッドを題材にお話ししたいと思います。

ティカルはマヤ低地南部の鬱蒼としたジャングルに築かれた大都市でした。そんな深い森の中にどうやってピラミッドを造ったのでしょうか。

マヤ地域には大型の家畜はいませんでした。それはつまり荷物を運んだり、畑を耕したり、移動の手段として使ったりする動物がいなかったということ。となると、マヤ

現在のティカル遺跡

写真は２号神殿。階段状のピラミッドはマヤでお馴染みの形。

のピラミッドは材料の運搬からすべて人力で行ってい た、ということになります。その上マヤには鉄器がありません。使える道具は石器ですから、ピラミッドの材料確保も石器で行うしかありませんでした。

そんな条件をクリアしてピラミッド建設を可能にしたのは建築部材の手軽さにあります。手軽、というと語弊があるかもしれませんが、ティカルのピラミッドの建築部材を観察すると、人力で持ち運べる大きさの石、土や砂利、土器の破片などで造られていたのです。

さて、その石ですが、マヤ地域の地盤は加工のしやすい石灰岩などでできていて、しかも熱帯低地は表土層が薄く容易に岩盤に到達できるため、石材が調達しやすかったようです。

密林の中で発見された“謎の”ピラミッド

ティカルのピラミッドは17世紀末にスペイン人の神父により偶然発見された。
打ち捨てられたピラミッドは、獰猛とさえいえる熱帯雨林の木々の根に覆い尽くされていた。

緑の森に浮かぶ
ティカルの真っ赤なピラミッド

ティカル遺跡の中心部。

恩田陸、NHK「失われた文明」プロジェクト『NHK スペシャル 失われた文明 マヤ』などを参考に作画。

そして驚くことにピラミッドは造られた当初、赤く塗られていたことがわかっています。赤いピラミッドとは想像を絶します。

また、石灰岩は水に侵食されやすいため、そのままではピラミッドが長持ちしません。そこで、石灰岩を粉にし、それを焼いて水を混ぜて漆喰《しっくい》を作り、漆喰で表面を塗り固めていました。漆喰は水に強い性質があるのです。こうしてピラミッドを雨水から保護するための工夫をしていました。

今でこそ長年の風雨によって黒ずんでいますが、当時は緑の海の中に真っ赤なピラミッドがそびえ立っていたのです。その光景はそれは美しく、荘厳な雰囲気を醸し出していたことでしょうね。

北のアクロポリス
西の広場
1号神殿
2号神殿
大広場
南の
アクロポリス
5号神殿

ピラミッドはなんのために造られたの？

王の権威の象徴であり、儀式を行う場であり、墓でもある。なくてはならない場所でした。

ここでもティカルのピラミッドを題材に、お話ししたいと思います。

大都市だったティカルには、いくつものピラミッドが造られていました。中でもいちばん高い４号神殿と呼ばれるピラミッドは、69メートルもの高さがあります。その高さまで重機も使わず、人力だけで石を積み上げたマヤ人たちは、ピラミッドに並々ならぬ思い入れがあったといえます。

ではそのピラミッドはなんのために造られたのでしょうか。

王の権威を示すピラミッド

まずは王さまの権威の象徴のため、ということが挙げられます。巨大なピラミッドは、すなわち王さまの力の大きさであり、民衆はもとより他の地域の人々にも一目見て王さまの偉大さを示すための装置になりました。

また、マヤのピラミッドは王さまの

王の権威を示すことはマヤの世界ではとても重要だった。大きなピラミッドは王の力を示す大切な役割を果たした。

ティカル遺跡の４号神殿。マヤ最大の高さを誇る。

E. M. Ponciano『Arquitectura de Reyes, el colosal Templo IV, Tikal, Petén Guatemala』などを参考に作画。

墓でもあります。以前は、マヤのピラミッドは祭祀を行うための場所であり、エジプトのピラミッドのような王墓ではないと考えられてきました。ところがティカルの発掘調査が進んだ結果、1号神殿の下から全身にヒスイをまとったハサウ・チャン・カウィール1世が見つかったのです。これをきっかけに、マヤのピラミッドも王墓であったことがわかったのです。

想像ですが、ピラミッドの頂で祭祀を行う現世の王さまは、地下に眠る亡き王さまの力を吸い上げるようにして借り、神々に願いを託していたのかもしれません。マヤのピラミッドは「聖なる山」を模したものともいわれています。超自然的存在と人間がつながるための装置だったのかもしれません。

いずれにしても、ピラミッドはマヤの人たちにとって、精神的になくてはならない施設だったということです。

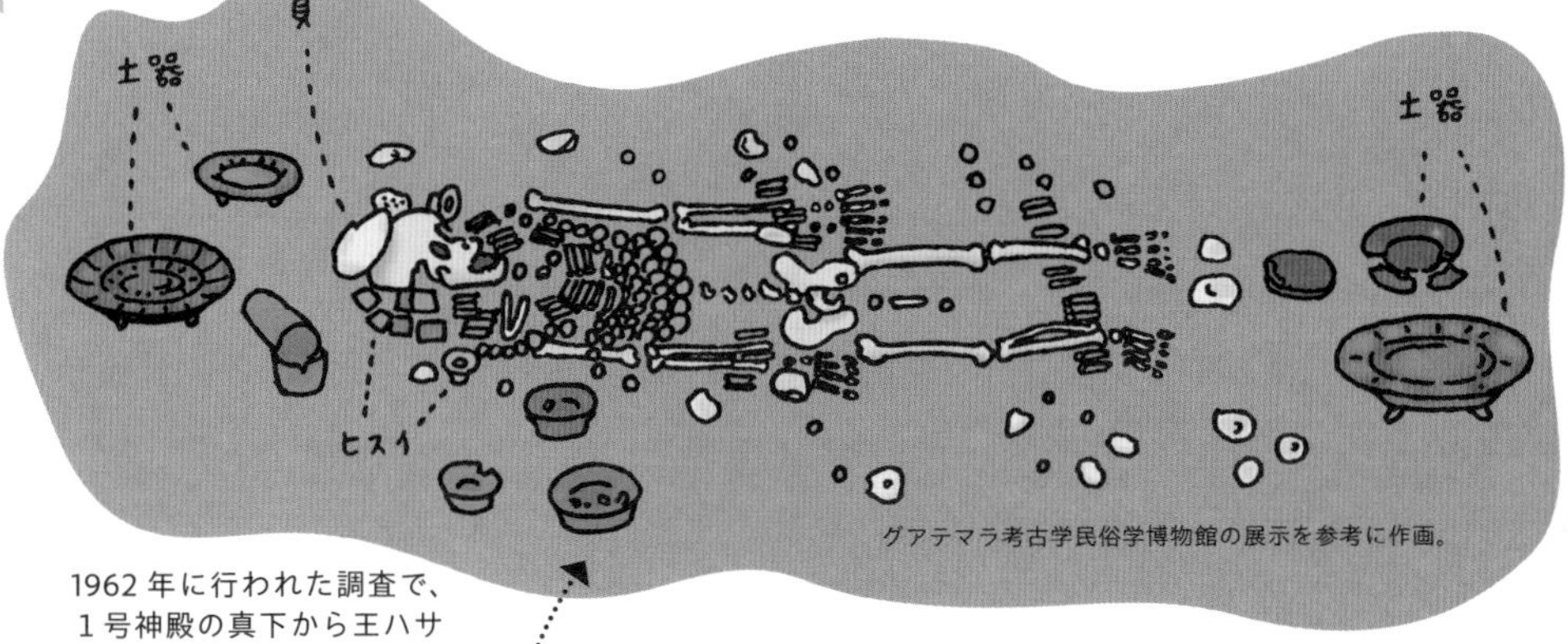

グアテマラ考古学民俗学博物館の展示を参考に作画。

1962年に行われた調査で、1号神殿の真下から王ハサウ・チャン・カウィール1世の墓が発見された。王は全身にヒスイをまとい、数々の副葬品と共に埋葬されていた。

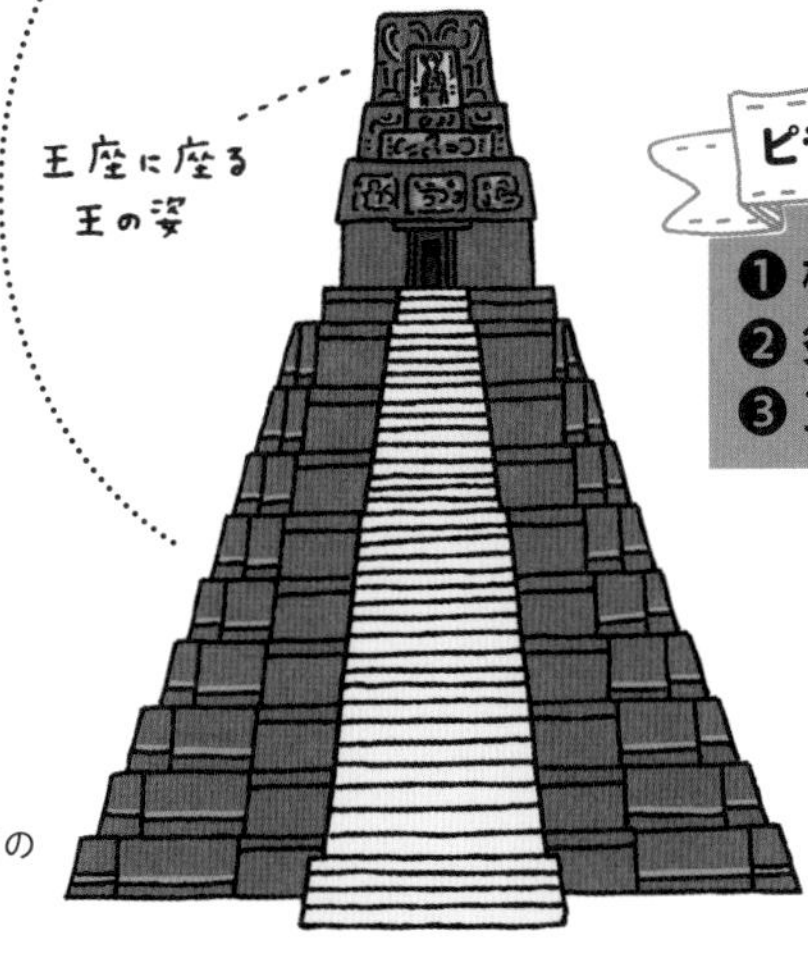

ティカル遺跡の1号神殿。

ピラミッドの役割

❶ 権威の象徴
❷ 祭祀や儀式を行う
❸ 王の墓

1号神殿からは王の墓が見つかりました

ジェレミー・A. サブロフ 青山和夫訳『新しい考古学と古代マヤ文明』（新評論）などをもとに作画。

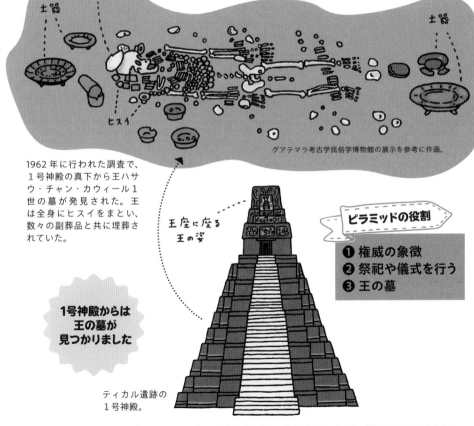

ピラミッドの中にあったもの

パレンケ遺跡はp.74で紹介した「赤の女王」が発見された場所。
その隣の「碑銘（ひめい）の神殿」でも驚くべき王の墓が発見された。ピラミッドの中にあったものを見てみよう。

階段

碑銘の神殿の内部へつながる階段を降りていくと…

階段は基層の墓室へとつながっていた。

殉教者の遺体

墓室の前からは数人の若い殉教者が発見された。

石棺

墓室にはパカル王の石棺が収められていた。この石棺は通路を通れない大きさのため、石棺を設置した後にピラミッドが建設されたと考えられている。

パカル王の頭部の石像

棺の下にあった若いパカル王の頭部の石像。年老いたパカル王の頭部の石像（p.46）と一緒に収められていた。

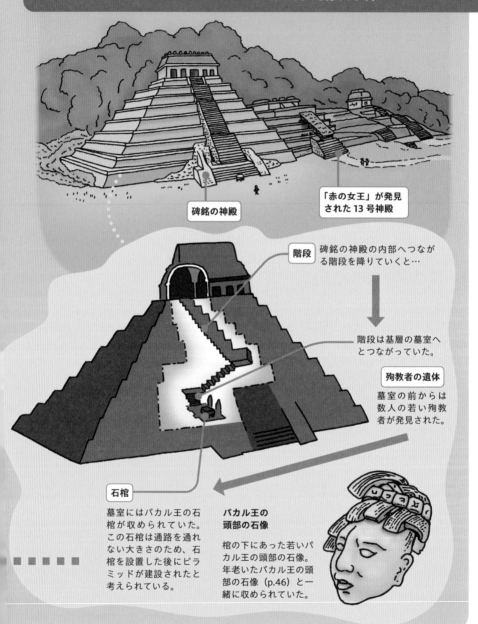

こんな感じで埋葬されていたかも

発見された当時はバラバラだったヒスイの仮面。組み合わせるとこのような形になった。

身長は推定 173cm。全身に辰砂が塗られ真っ赤だった。

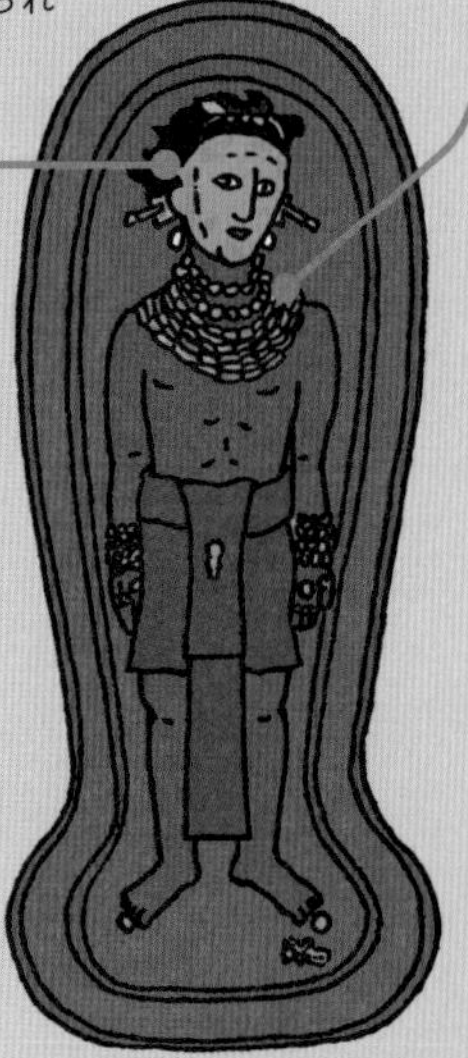

石棺の蓋にはパカル王の再生の物語が描かれていた！

パカル王が中央の生命の木（セイバの木）を登りながら再生する様子。

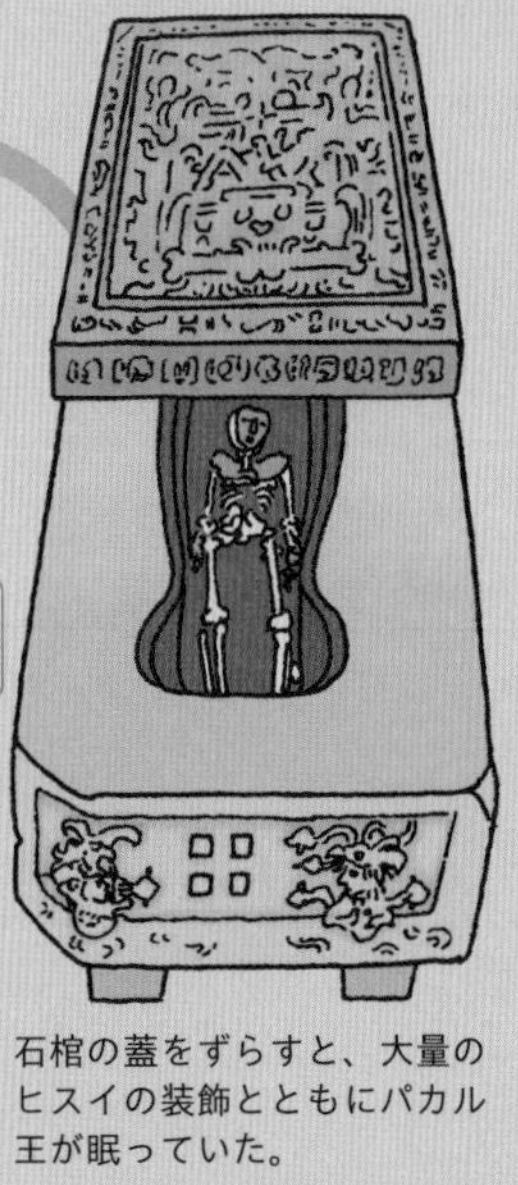

石棺の蓋をずらすと、大量のヒスイの装飾とともにパカル王が眠っていた。

石棺の蓋は L. Schele, D. Freidel『A Forest of Kings』をもとに、それ以外は『世界の博物館 5　メキシコ国立人類学博物館』（講談社）をもとに作画。

マトリョーシカ型建築物

ピラミッドの上にピラミッド、その上にまたピラミッド…と何度も増改築を重ね、今の形となりました。

マヤの建築の特徴のひとつに、どんどん大きくなっていく、ということが挙げられます。

発掘調査が進んだ結果、ピラミッドはもちろん、アクロポリス（88ページ）などの建物も増改築が繰り返された結果、現在のような巨大な建築物になっていることがわかりました。

マヤでは、元の古い建物をベースに、それを覆うようにして新たに建築物を作りました。それを何度も繰り返し、ときには横に広げたりつなげたりしながら建物を成長させるのです。これは居住用でも同じでした。

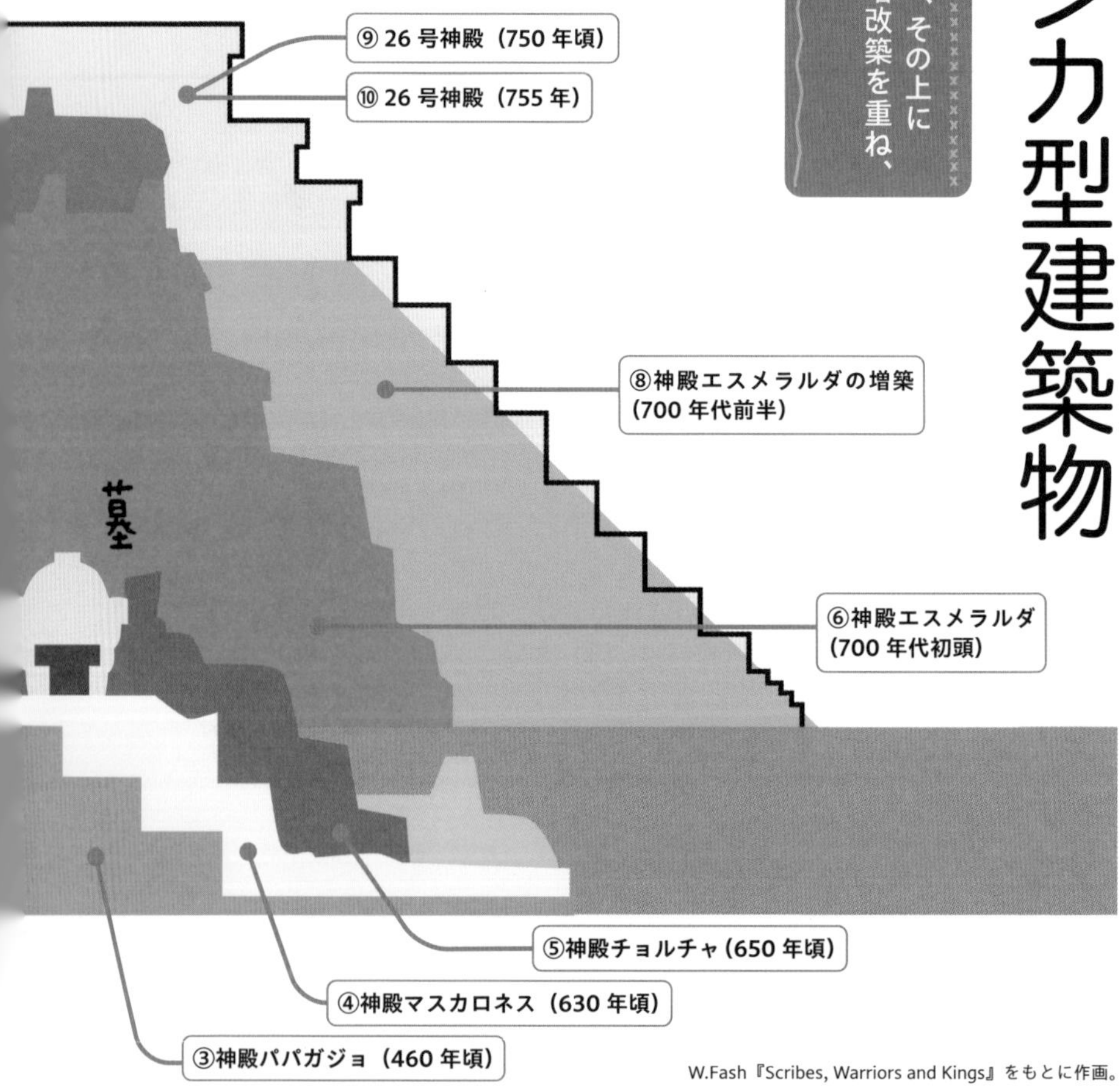

W.Fash『Scribes, Warriors and Kings』をもとに作画。

なぜこのようなことをするのでしょうか。

改築は支配者、もしくは建物の住人の死などがきっかけとなって行われることが多いと考えられています。前の支配者が埋葬された建物を、その亡骸も含めて取り込み、増改築を行っているのです。つまりマヤの人たちは、死者と共に暮らすことをあえて選んでいるということです。それは彼らの死生観の表れであり、建築もまた死と再生を繰り返すマヤの世界観が表れたものだと考える研究者もいます。また死者を弔いながらも、そのパワーを自ら の力として取り込みたいという思いもあったかもしれません。

現在残されている建物の奥には、実は多くの支配者の思いが重なり合っており、文字通り、建物も重ねられていたのです。マヤの建築物は奥深いものがあります。

増改築によってでき上がったピラミッド

「神聖文字の階段」(p.110)で有名なコパン遺跡の26号神殿は、初代王のキニチ・ヤシュ・クック・モによって最初の神殿「ヤシュ」が造られた後、増改築を繰り返して今の形となった。

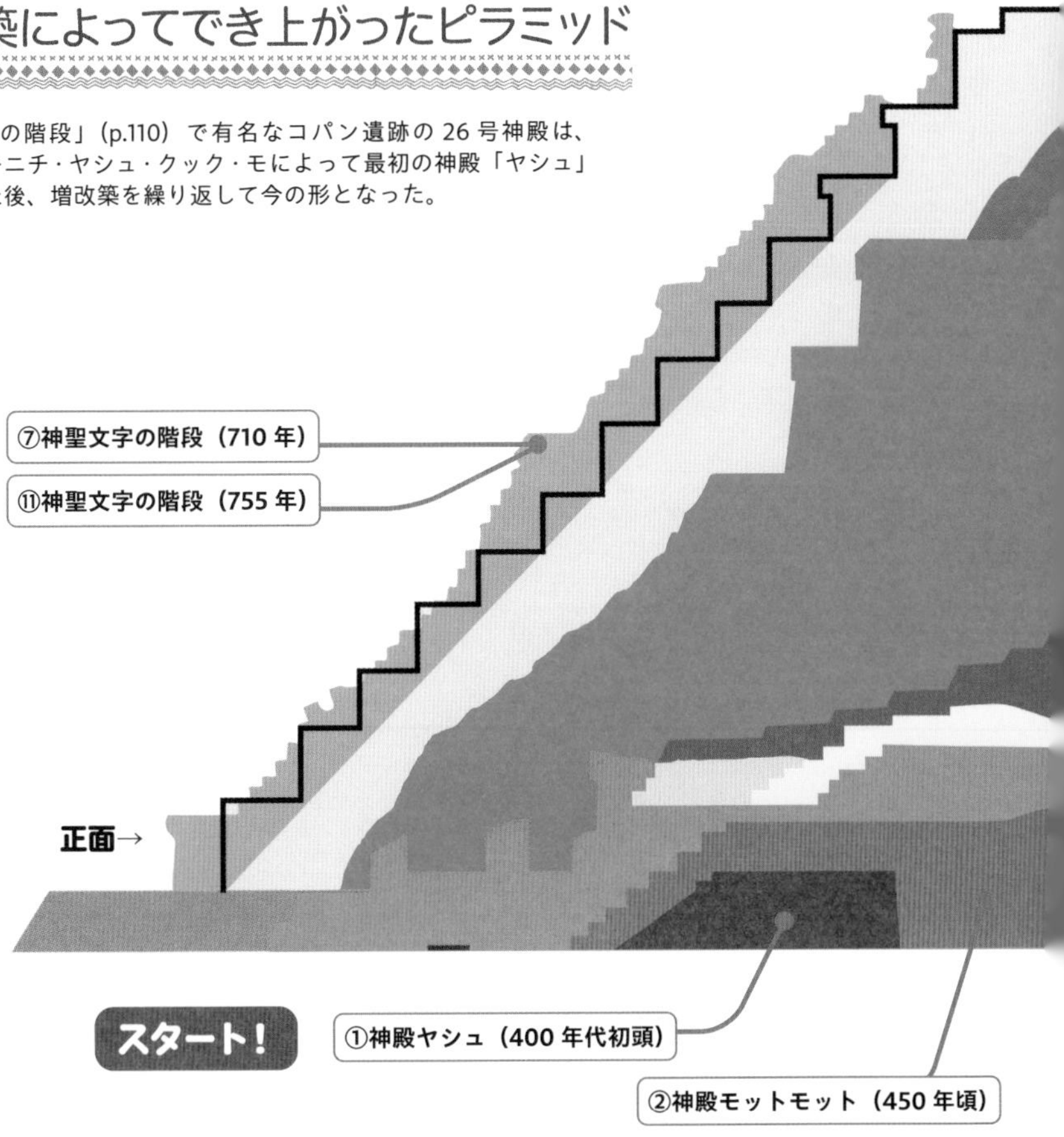

マヤの大土木工事

大切な水を得るため、広場を塗装し、人工貯水池も造っていました。

　密林の中に巨大なピラミッドを人力だけで造り上げたマヤの人たちのすごさはお話ししましたが、もうひとつ、現代人の想像をはるかに超える土木工事について、紹介したいと思います。

　マヤ文明が広がった地域には大きな河川がありませんでした。水の確保は自分たちの生存を左右する大きな問題であり、そこをクリアできなければ、この地では生きていくことができません。そこでティカルの人たちは何をしたのか。

　ティカルの中心部には多くのピラミッドと天文観測施設などがあり、その中央には広場が造られています。調査の結果、実はその広場には微妙に傾斜がつけられ、ピラミッドと同様に全面に漆喰《しっくい》が塗られていたことがわかったのです。その傾斜は肉眼では判別できないほどの角度なのだとか。

　なぜ漆喰で塗り固めなければならなかったのか。

　この地では雨季になると大量の雨が降り注ぎます。雨水は傾斜がついた漆喰塗りの広場を流れ、離れた人工貯水池に集めることができるように工事されていたのです。

　密林の中に雨水が走る漆喰の道があったなんて、なんという技術と発想でしょうか。人工の貯水池を造るのにどれほどの労力がかかったか計り知れません。

　しかし、いくら犠牲と労力を払ったとしても水の確保は最重要課題であり、成し遂げなければならない大土木工事だったということです。

　広場の漆喰も赤かったのかはわかりませんが、例えばピラミッドと同じように赤かったのだとしたら、深い緑の密林の中に広がる赤い都市は、なんともドラマティックな光景だったことでしょう。白いままだったとしても、赤、白、緑の配色はそれは美しかったことと思います。

　人口が推定6万人ともいわれるティカルの都市を支えたのは、こうした土木工事のおかげだったのです。

大土木工事によって造られた人工貯水池

雨が降ると地面の上を水が流れ…
ティカルの周辺は…
川もなく、
沼もなく、湖もなく
1年の半分は乾季で
雨が降らず、
降った雨も
石灰岩の大地には
保水できない…。

漆喰で塗り固められた地面。漆喰の材料となる石灰岩はこの土地でいくらでも採れるため、大量に作ることができた。

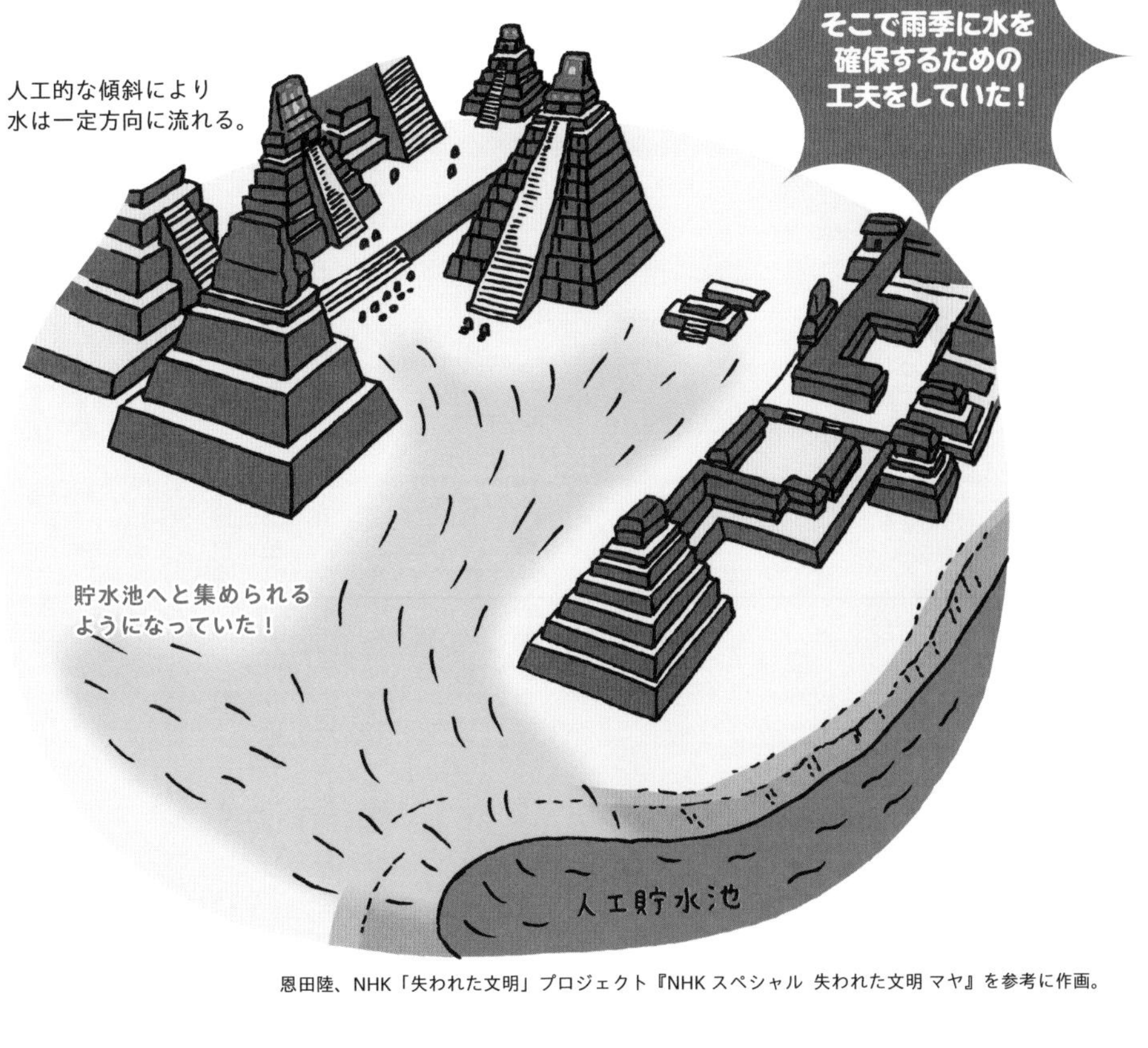
そこで雨季に水を
確保するための
工夫をしていた！
人工的な傾斜により
水は一定方向に流れる。
貯水池へと集められる
ようになっていた！
人工貯水池

恩田陸、NHK「失われた文明」プロジェクト『NHK スペシャル 失われた文明 マヤ』を参考に作画。

都市の中心地アクロポリス

王が生活し、仕事を行い、歴代の王も眠る、神聖な場所でした。

アクロポリスといえば、古代ギリシアの小高い丘の上に造られた立派な神殿や砦《とりで》が立ち並ぶ風景が有名ですが、マヤ文明にもアクロポリスがありました。マヤの大都市ティカルには「北のアクロポリス」「中央アクロポリス」「南のアクロポリス」といわれる場所があり、公共施設や王さまの住まいなどがありました。「北のアクロポリス」には歴代の王さまたちが埋葬されていることも発掘調査からわかっています。

こうしたアクロポリスを中心に、広場があり、祭祀を行う神殿があり、そしてEグループと呼ばれる複合建物が立ち並んだ中心部は、王さまが君臨し、政治と祭祀を行う場所としてふさわしい様相を呈していたことでしょう。

ここを中心にして、庶民は密林周辺に広がって暮らしていたようです。

ここではティカルを題材にしましたが、神殿の大小や数の違いはあっても他のマヤ地域においてもおおむね同じような構成によって都市が造られていたと考えられます。

ツイン・ピラミッド・コンプレクス

20年ごとのカトゥン(p.104)の終わりを祝う儀式の場。双子ピラミッド、石碑、2つの建物がセットになっている。

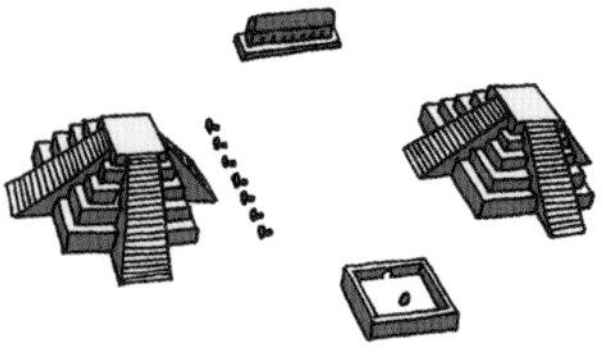

北のアクロポリス (p.79)

歴代王が埋葬されるネクロポリス。神殿1号・2号や儀式を行う大広場、王族の住居、宮殿、球技場がある。

雨の神「チャク」

中央アクロポリス (p.78)

貴族の住居と社交の場。45の建造物と6つの広場がある。

6号神殿へ。

ティカルの都市マップ

マヤ最大の都市だったティカルには、北、中央、南のアクロポリスや、神殿、その他儀式を行うための施設や広場、王族の住まいなどが建てられていた。

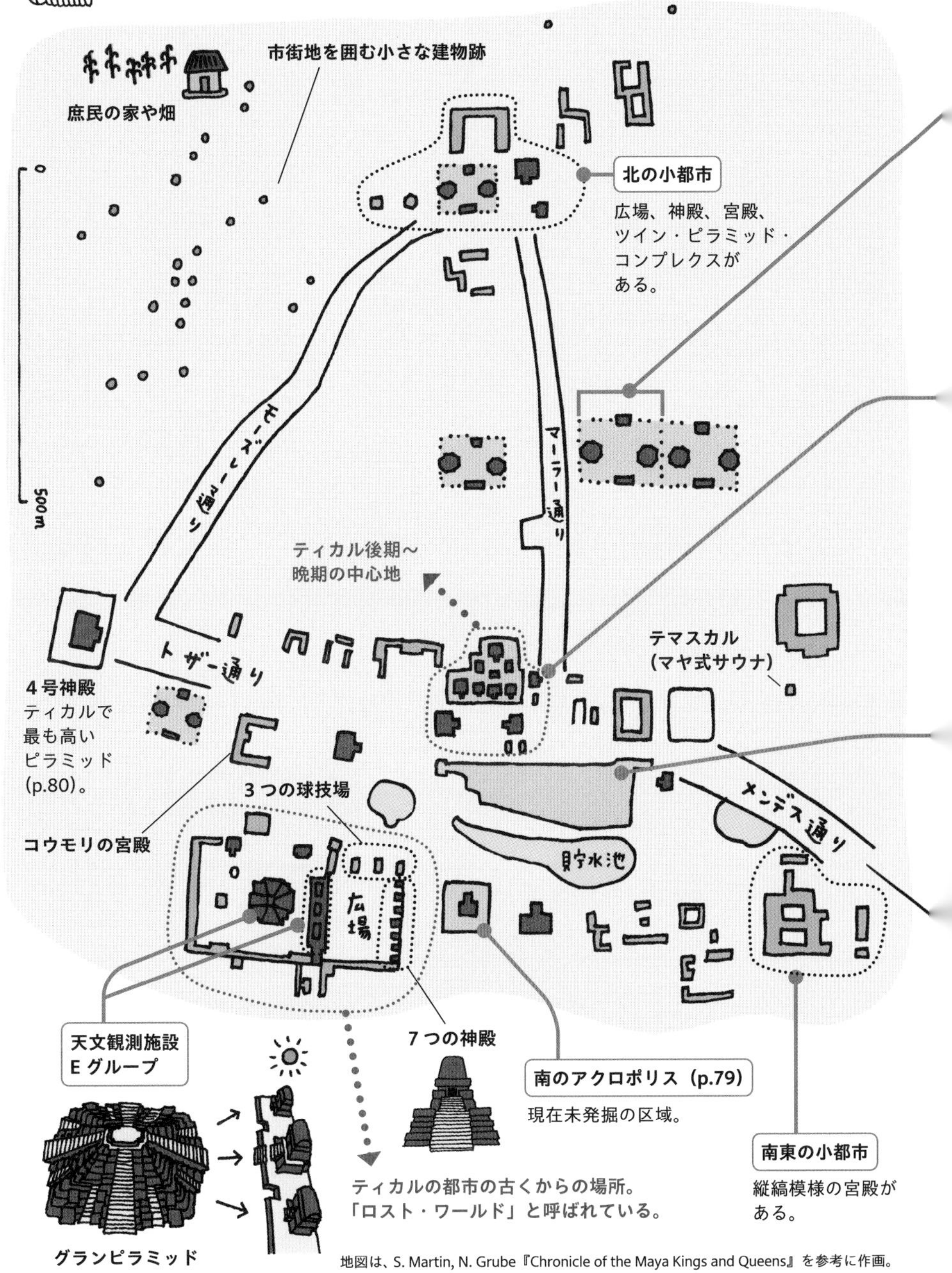

地図は、S. Martin, N. Grube『Chronicle of the Maya Kings and Queens』を参考に作画。

特別な白い道があるって本当ですか？

快適かつ高速に人が行き来できる白いハイウェイがありました。

マヤ文明に興った各都市は、互いに交流しながら発展したということはお話ししましたが、その際、各都市をつなぐ白い道が使われました。それを「サクベ」といいます（サクは「白い」、べは「道」の意）。密林の中に走るサクベは、地面よりも高く盛り上げられ、表面に漆喰《しっくい》を塗って造られていました。雨が降った後のぐちゃぐちゃの大地でも、サクベの上に水は溜まらず、難なく人が行き交うことができたのです。

サクベは人々が物資を持って行き来するだけではなく、ときには輿《こし》に乗っ

マヤの高速道路「サクベ」

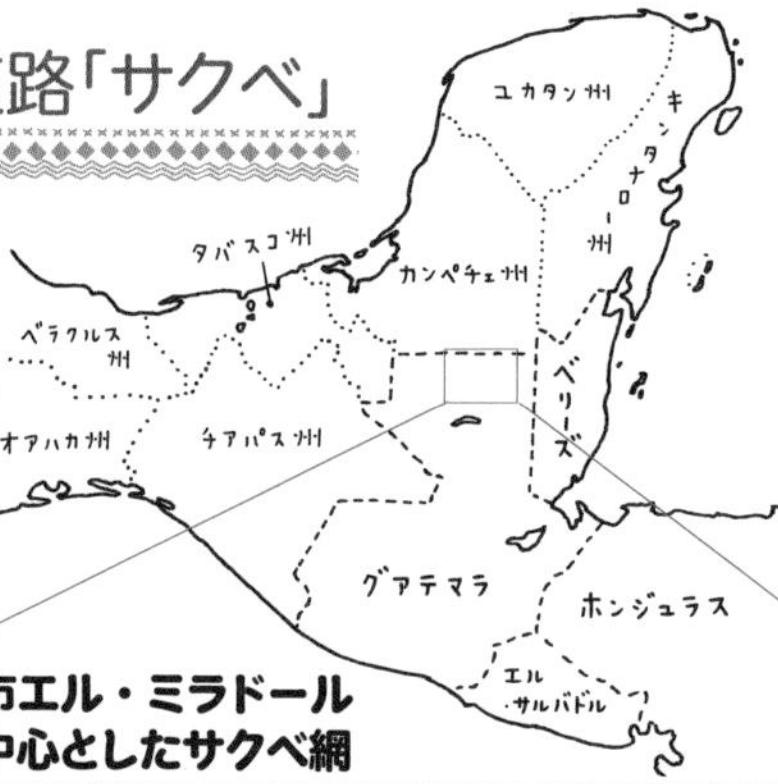

都市エル・ミラドールを中心としたサクベ網

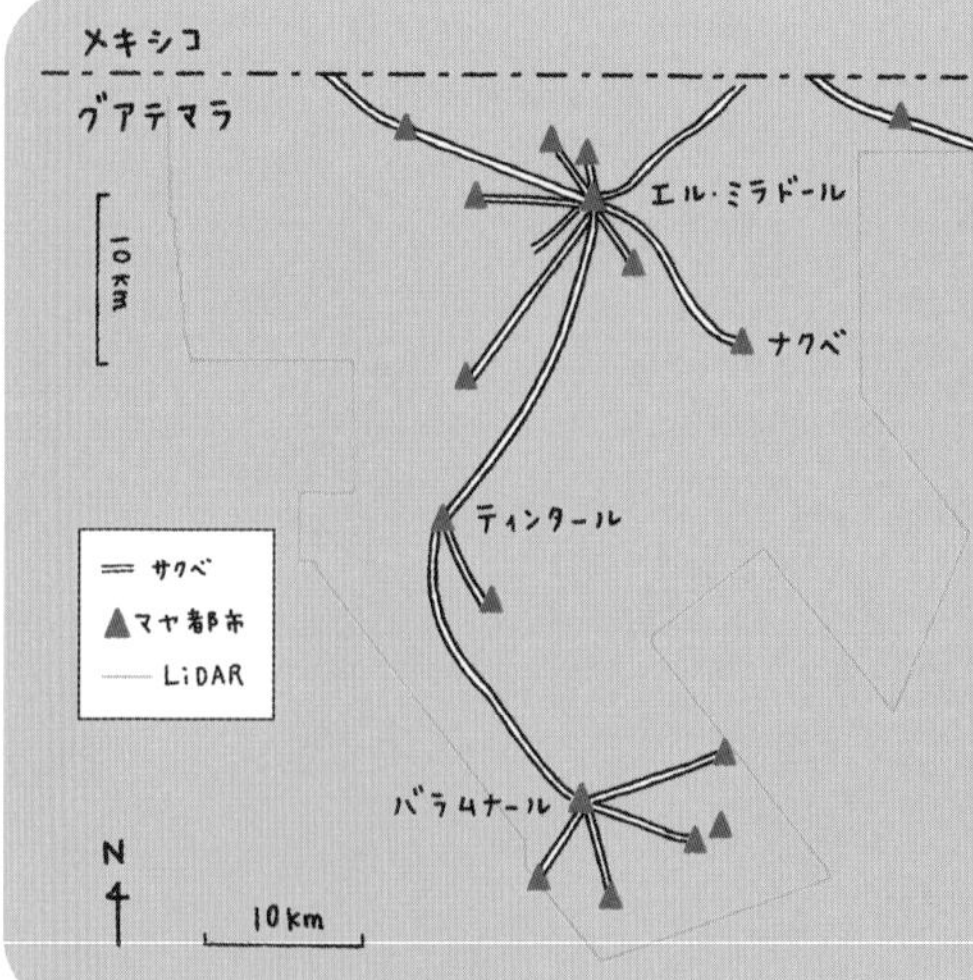

このサクベ網は、上空からレーザー光のパルスを照射する「LiDAR」という技術を用いた調査により発見された。
この調査によって、グアテマラ北部のジャングルに隠された964の集落と道路が見つかったことが、2022年12月に発表された。
道路の全長は177kmにわたり、417の集落間が結ばれていたことがわかった。

R. Hansen『LiDAR analyses in the contiguous Mirador-Calakmul Karst Basin, Guatemala』(Ancient Mesoamerica) をもとに作成。

た王さまが行進しながら他の都市に赴くこともあったでしょう。また、サクベがつながっているということは、互いの都市が友好関係にある証にもなったかもしれません。

　都市間をつなぐため、サクベは、相当な距離になることもありました。中には100キロメートルになるものも。

　都市間だけでなく都市の中でも主要な施設はサクベでつながり、どんなに大地がぬかるんでいても人は移動することができたのです。

　家畜に乗って移動することができないマヤ地域にとって、サクベは大切な舗装道路だったのです。

ふーっ　つかれたー
先に　行くぞー
やっと　見えて　きたなー
おー

マヤには球技場もありました

重要な国家儀式を行う場所で、負けた方は生贄となって神へ捧げられることもありました。

マヤ遺跡の中には球技場と考えられる施設がいくつもあります。現代にはいろいろな球技がありますが、マヤ文明の球技はゴム製のボールを使った球技である、ということ以外、確かなことはわかっていません。球技場には石製の輪っかや、石彫のゴールなどがあり、コートも地域や時期によっていろいろなバリエーションがありました。

例えば後古典期のチチェン・イツァ遺跡の球技場には壁の中央に取りつけられた石製の輪っか型ゴールがあります。両チームが我先にとゴム製のボールを通そうと奮闘した姿が目に浮かび

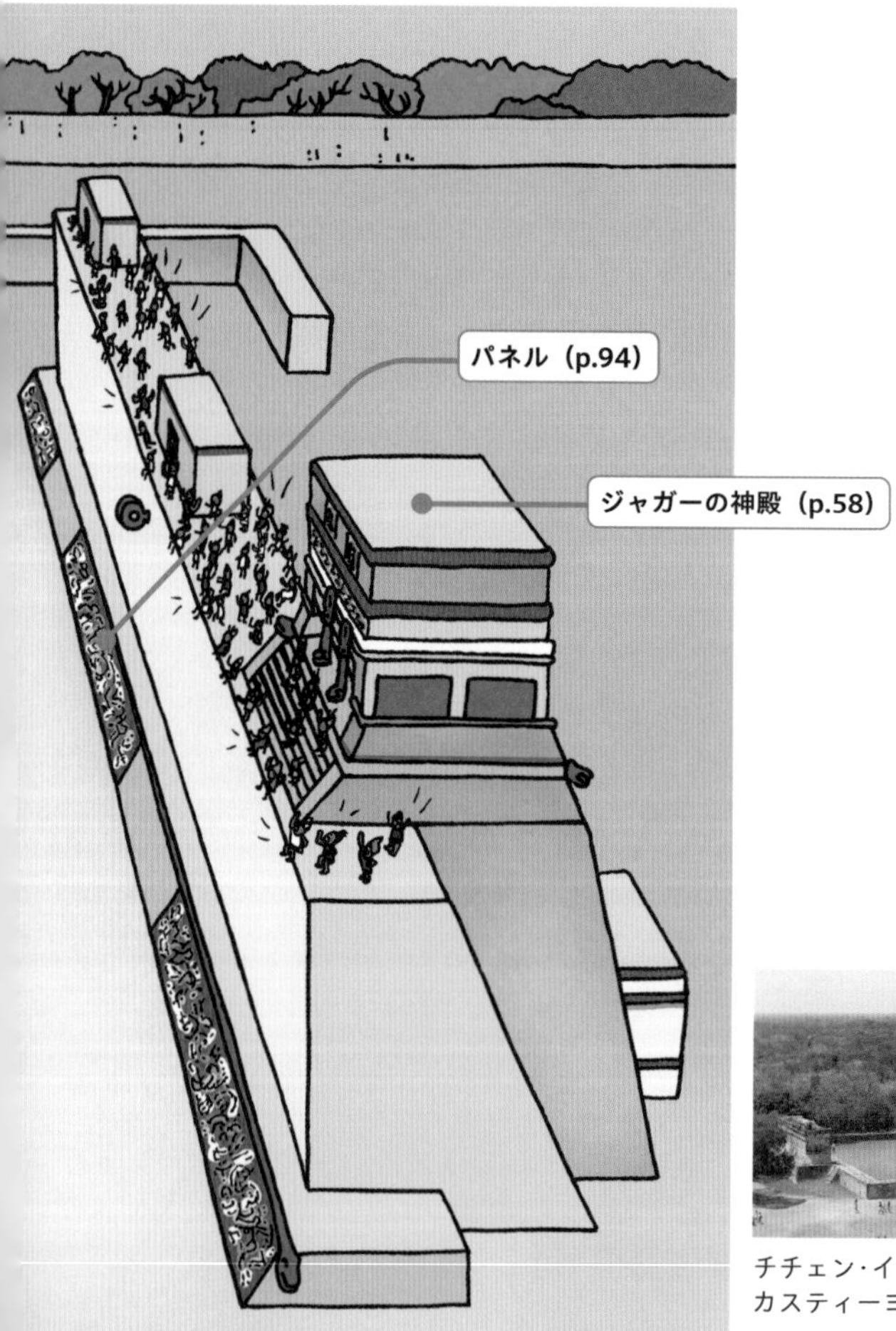

チチェン・イツァ遺跡の球技場。写真は「エル・カスティーヨ」（p.136）から見たもの。

ます。

　現代のゴムボールは軽くて体に当たっても怪我はしませんが、当時のゴムボールは直径10～30センチメートルくらいで、非常に重く、当たって怪我をしないように胸、腕、腰、膝などを守るための防具も使われていました。その上、負けたチームのリーダーは、首をはねられることもあったといいますから、命懸けの球技でした。

　ですから、球技といってもスポーツ選手が行うのではなく、勇敢な戦士が命を賭して戦うという儀式だったのです。

　そしてもうひとつ、興味深い話があります。平行に並べられた壁の間をボールが行ったり来たりするわけですが、その様子を地下界と地上界とを行き来する太陽や月、そして危機を司る金星の代わりだとマヤの人々は捉えていたと考える研究者もいます。

　いずれにしても、マヤの球技はみんなでワイワイと楽しむスポーツなどではなく、神聖な儀式だったということです。

マヤの大球技場

チチェン・イツァの球技場は長さ168m、幅70m、壁の高さ8mで、メソアメリカ最大の大きさを誇る。

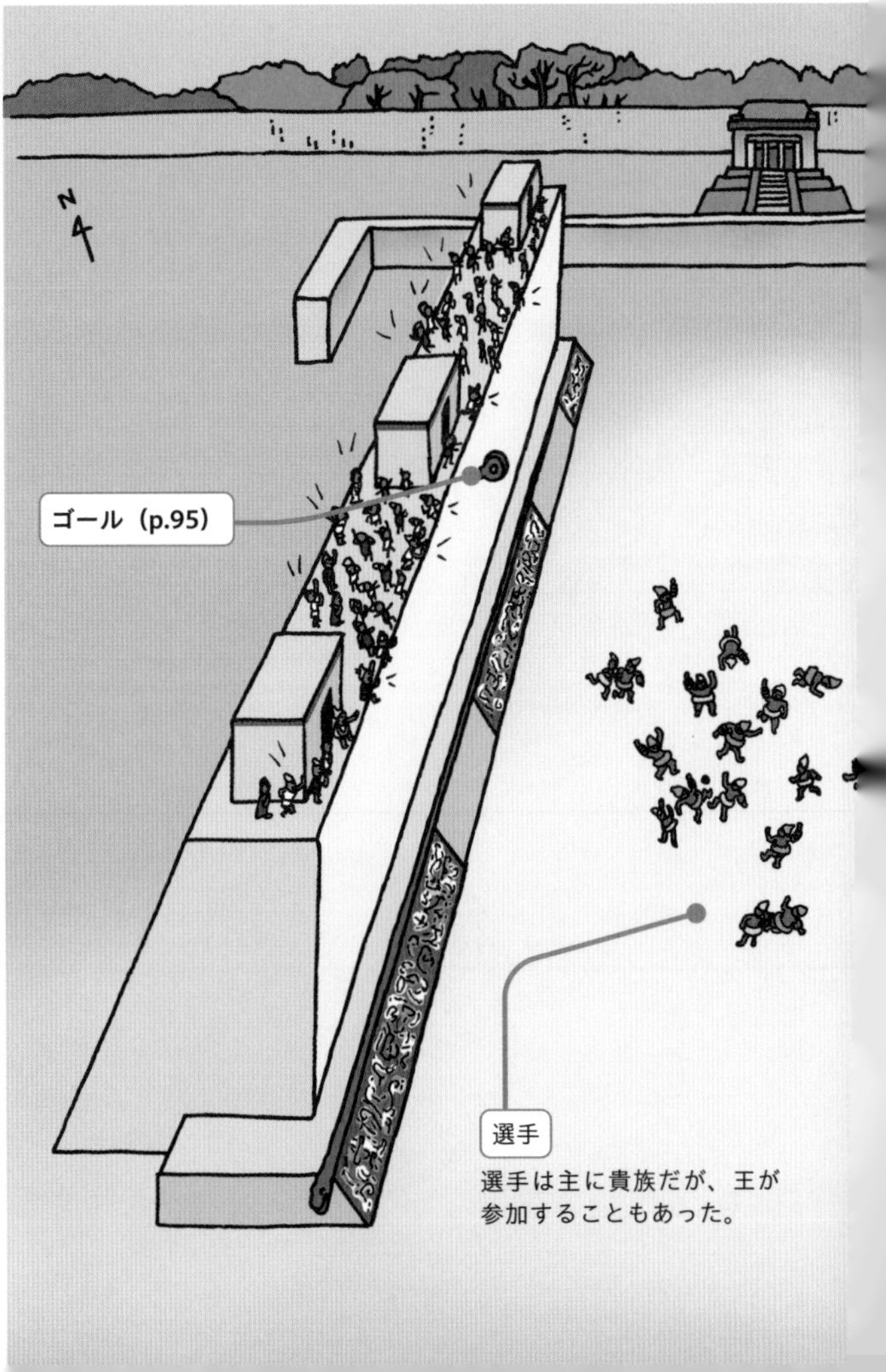
ゴール（p.95）
選手
選手は主に貴族だが、王が参加することもあった。

命懸けの儀式だったマヤの球技

マヤの球技は腰や尻を使ったり、ラケットのような棒を使ったりと、ボールの扱いやルールはさまざまだったと考えられているが、敗者は首を斬られることもあるという凄絶なものだった。

I. Marquina『Arquitectura prehispánica』をもとに作画。

ナイフ
斬首の道具と考えられる。

首
右の選手のもの。

球技のボール
死の象徴である骸骨が描かれている。

ヘビ
首を斬られた選手。首からは再生や豊穣のシンボルであるヘビが6匹出てきている。

当たると危険！重いゴムボール

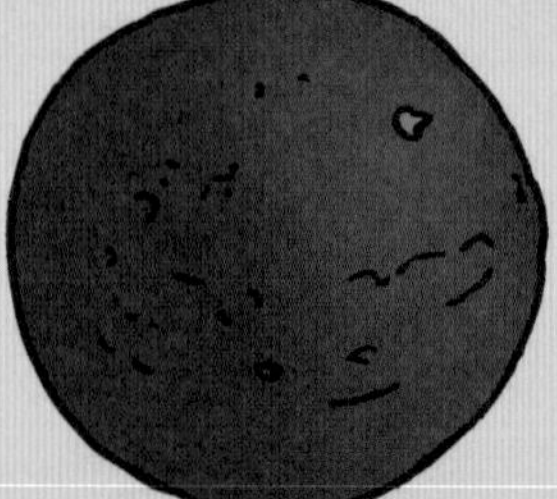

オルメカのエル・マナティ遺跡では、12個のゴムボール（直径は10～30cm）が見つかっている。中は空洞ではなく、固く重い。ゴムボールを使った球技の起源はオルメカ文明にあるとされる（オルメカの語源となった「オルマン」という語は「ゴムの国」という意味がある）。

『古代メキシコ・オルメカ文明展　マヤへの道』（京都府京都文化博物館）をもとに作画。

ゴール

チチェン・イツァではドーナツ形のゴールだが、コパンではコンゴウインコの頭をかたどった石彫のゴールが使われるなど、さまざまな形がある。

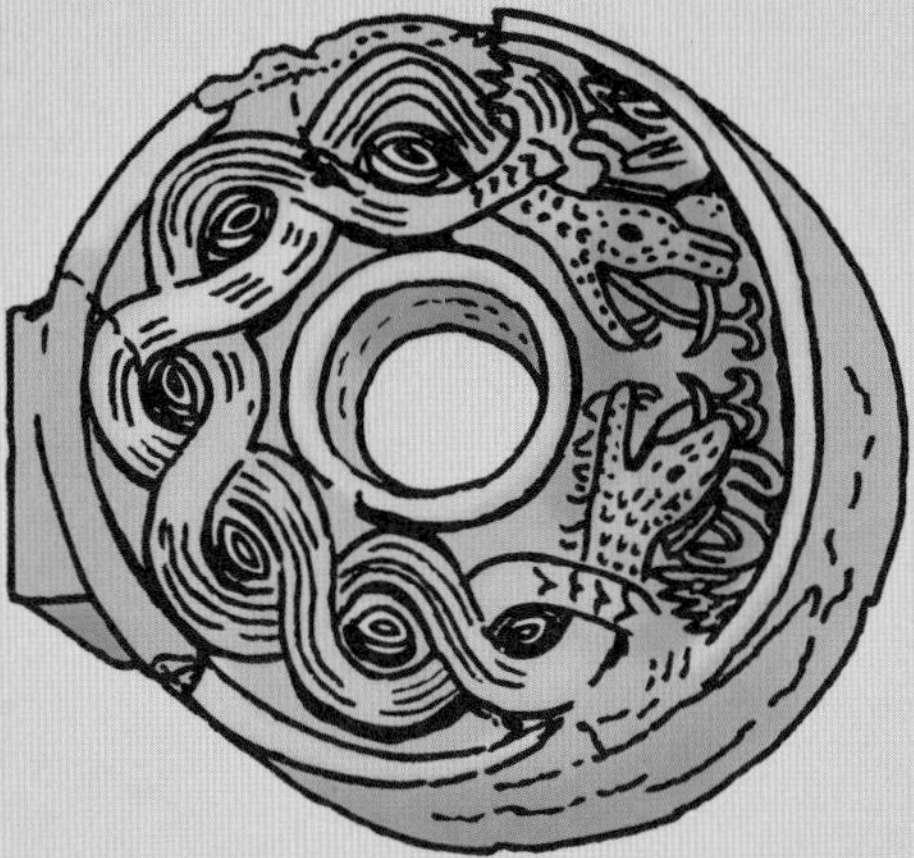

２匹のヘビが絡み合ったチチェン・イツァの球技場のゴール。この穴に重いゴムボールを通すのは至難の業だったはず…。

球技場の浮き彫りパネルに描かれていたものは…

防護服

ハイナ島出土の球技の選手の土偶より。体を守る防具の種類もいろいろあった。

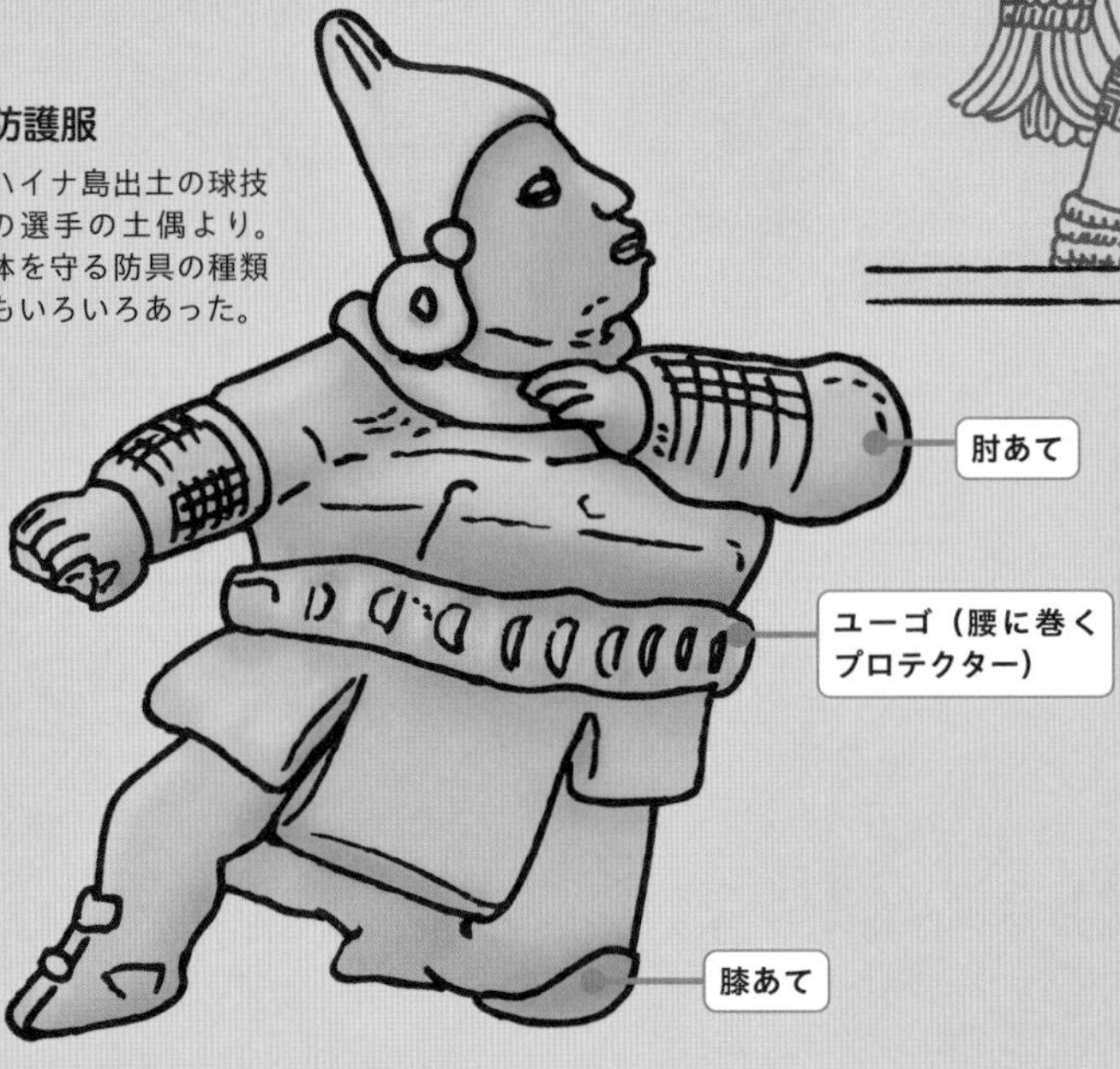

P. Schmidt, M. Garza, E. Nalda『Maya』をもとに作画。

セノーテは生きていくのに欠かせない泉

生活用水を得るだけではなく、儀式を行う神聖な泉として、とても大切にされていました。

マヤ地域の中でもユカタン半島のマヤ低地北部には、セノーテと呼ばれる泉が多数点在しています。この地はマヤ地域でいちばん乾燥した場所であり、年間の降水量が日本の3分の2ほどしかありません。また、大きな川や湿地もないため、とにかく水の確保が地域存続の鍵を握っていました。つまりセノーテがあるからこの地に人が根づいたともいえそうです。

マヤ地域の大地は石灰岩でできていますが、石灰岩は保水性が低く、雨が降ると水は地中に流れ込んでしまいます。そうして長い時間大地に水が染み込んだ結果、地面が脆くなって陥没し、地下水へとつながる洞窟ができます。この洞窟内の泉がセノーテです。周辺に暮らすマヤ人たちは、この天然の泉を生活用水として利用したのです。

セノーテはまた、もうひとつの役割も持ち合わせていました。それは儀式を行う神聖な場所だったということ。

マヤの人々は、地下水とつながるセノーテや、いくつかのセノーテと地下水がつながって作られる水中洞窟をシバルバ（冥界）として畏敬し、セノーテにさまざまなものを供して見えない力に願いを託したのです。セノーテの底からは人骨、動物の骨、土器、ヒスイ製品、エイの棘《とげ》、中には他地域からもたらされたと考えられる金銀の合金や青銅で作られた鈴なども見つかっています。

人骨は儀式の際に、生贄として捧げられた人のものが多く含まれると考えられています。

石灰岩の影響でどこまでも青く美しい姿を私たちに見せてくれるセノーテは、マヤの人々にとっては、神秘的で聖なる場所でもあったのです。

観光名所としても名高いセノーテ・フビク。

聖なる泉「セノーテ」

ボロンチェンのセノーテを描いたF.キャザーウッドの石版画を参考に作成したイメージ画。

「生贄の泉」に捧げられたものたち

「イツァの泉が湧く場所」という意味を持つチチェン・イツァ。チチェン・イツァのセノーテは「生贄の泉」とも呼ばれ、人身供犠が行われる場でもあった。水底からは人骨や動物の骨の他、儀式で捧げられたと考えられるさまざまな品物が発見された。

人骨　チチェン·イツァのセノーテの水底からは、約130体の人骨が見つかっている。長い歴史の中で、雨乞いの目的で生贄にされた人や、誤って滑落した人の人骨も含まれると考えられる。

見つかった人骨のうち、8割近くが3～11歳の子どものものだった。

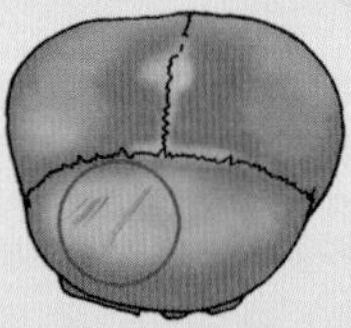

変形と切り傷を伴う幼児の頭蓋骨も発見されている。

チチェン・イツァのセノーテ。直径が約60mの大きさで、水面までの距離は約20mある。この聖なる泉へ遠くから巡礼に来る者もいた。

鈴　メソアメリカでは鈴の音は豊穣や再生と結びつけて捉えられていたとされ、儀式でも用いられたと考えられている。

合金製の鈴

青銅製の鈴

ヒスイの装飾品

高価なヒスイも祈りのために捧げられた。

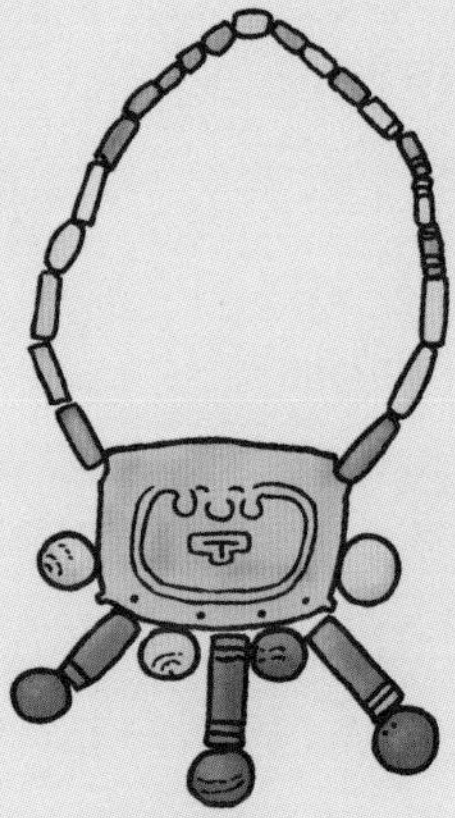

他にもさまざまな供物が発見されている。

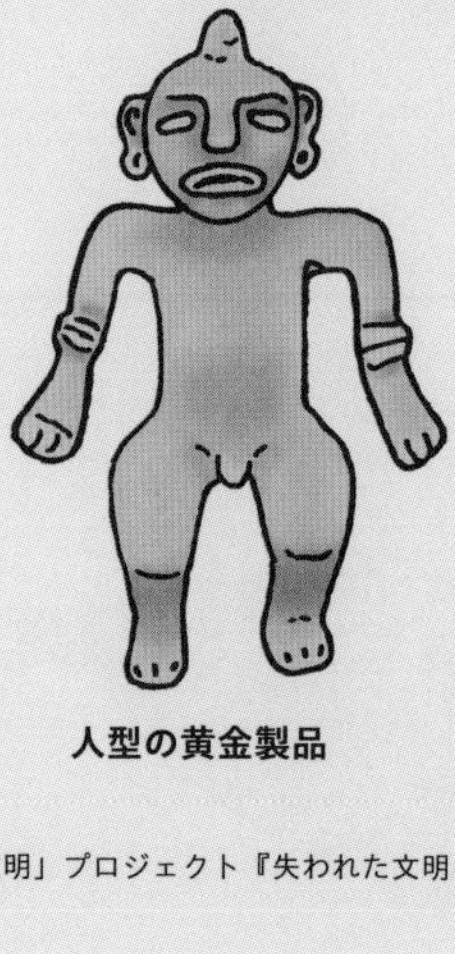

人型の黄金製品

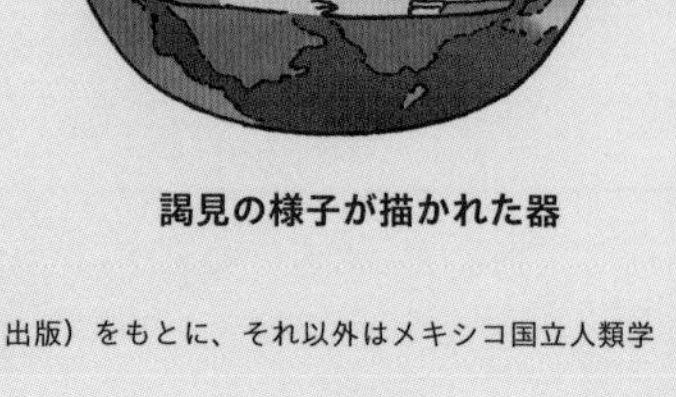

謁見の様子が描かれた器

中左は恩田陸、NHK「失われた文明」プロジェクト『失われた文明　マヤ』（NHK 出版）をもとに、それ以外はメキシコ国立人類学博物館の展示をもとに作画。

マヤには天文観測施設がありました

マヤの人々に驚異的な天文学の知識をもたらした、天文観測のための重要な施設でした。

マヤ文明の建造物の中には、研究者が「Eグループ」と呼ぶものがあります。実はこれは、天文学に関する非常に重要な施設だと考えられています。ここではワシャクトゥン遺跡を題材にお話しします。

この遺跡には、広場の西側に、真東を正面とした建造物E－Ⅶがあり、向かい側に3基の建造物が建てられていました。

その3基の建造物は、一段高く作られたテラスの上に建てられ、南北の軸線上に並べられています。西側にある建造物E－Ⅶの、階段の下から15段目

ワシャクトゥン遺跡の天文観測施設

南北の軸線の上に3基の建造物が建てられている。
建造物E- Ⅶから天文観測が行われたと考えられる。

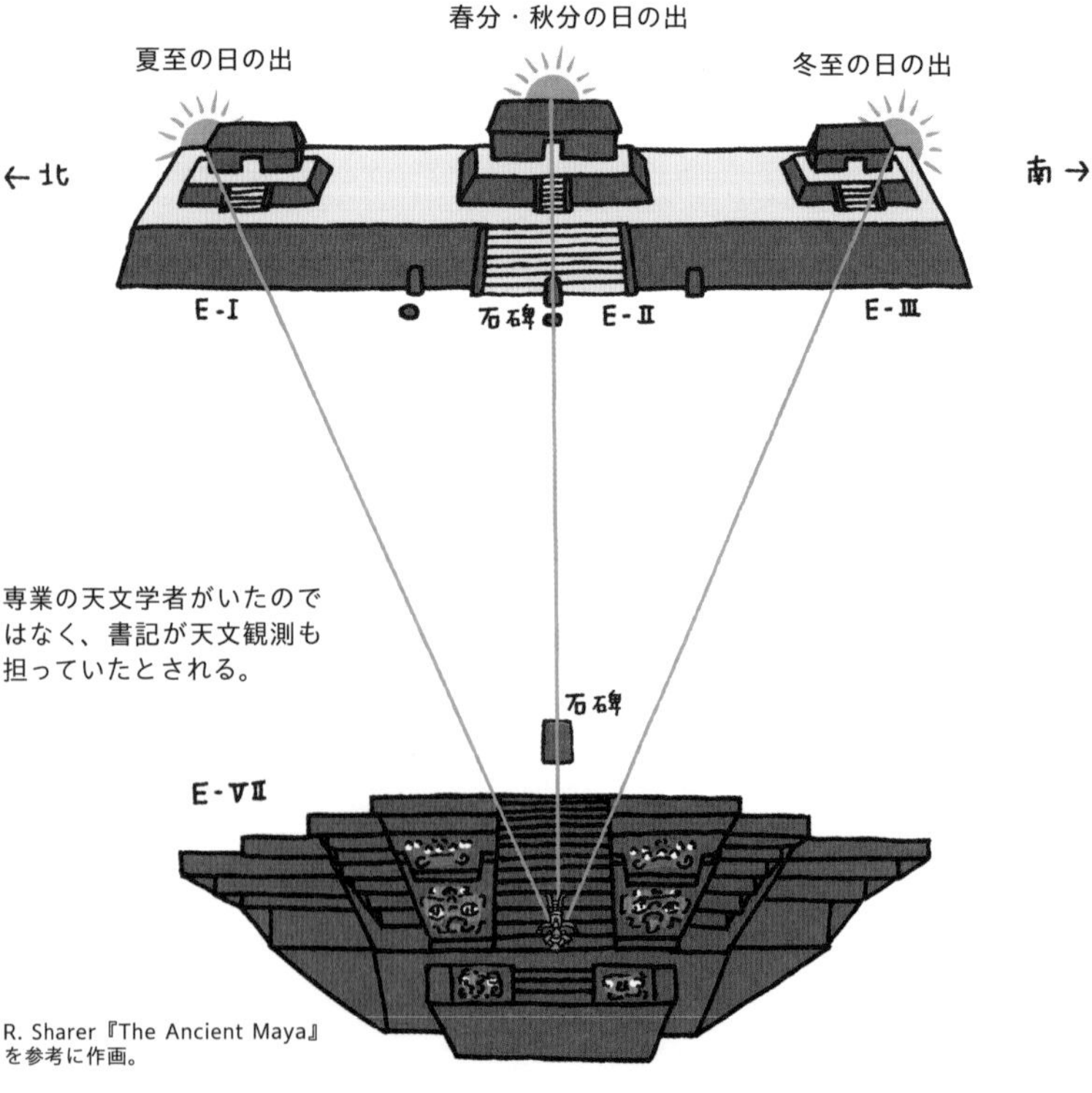

専業の天文学者がいたのではなく、書記が天文観測も担っていたとされる。

R. Sharer『The Ancient Maya』を参考に作画。

辺りから3つ並んだ建物を見ると、夏至にはいちばん北側にある建造物E－Iの北側から太陽が昇り、冬至には南側の建造物E－IIIの南側から太陽が昇るのだといいます。春分と秋分には、中央の建造物E－IIの屋根の真ん中から太陽が昇るのを観察することができるのです。

ワシャクトゥン遺跡に限らず、他の遺跡にもこのような天文観測のための施設があることが知られています。

建物を基軸に据えることで定点観測をすることができ、マヤの天文学が確立されていったのです。

自分たちが暮らす世界に強い好奇心を持ち、長い時間をかけて常に天体を観察し続けたマヤ人たちだったからこそ、なし得ることができたのかもしれません。

チチェン・イツァ遺跡の天文観測施設

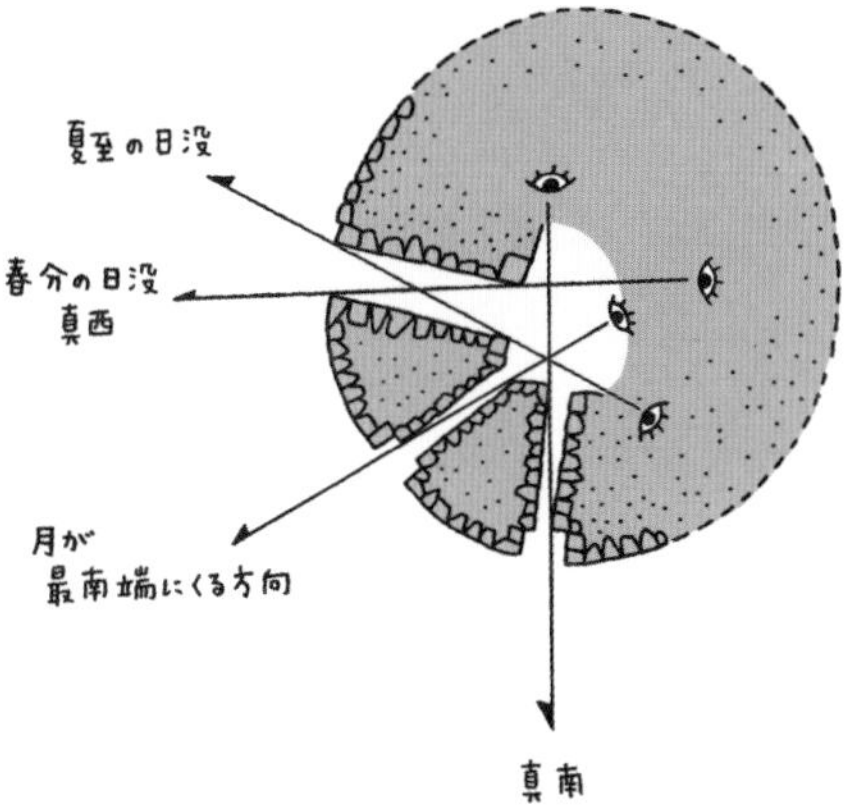

観察窓を上から
見ると…

マヤの人々は、
これらの施設を使い、
太陽や月、金星の動きを
すべて肉眼で正確に
観測していた！

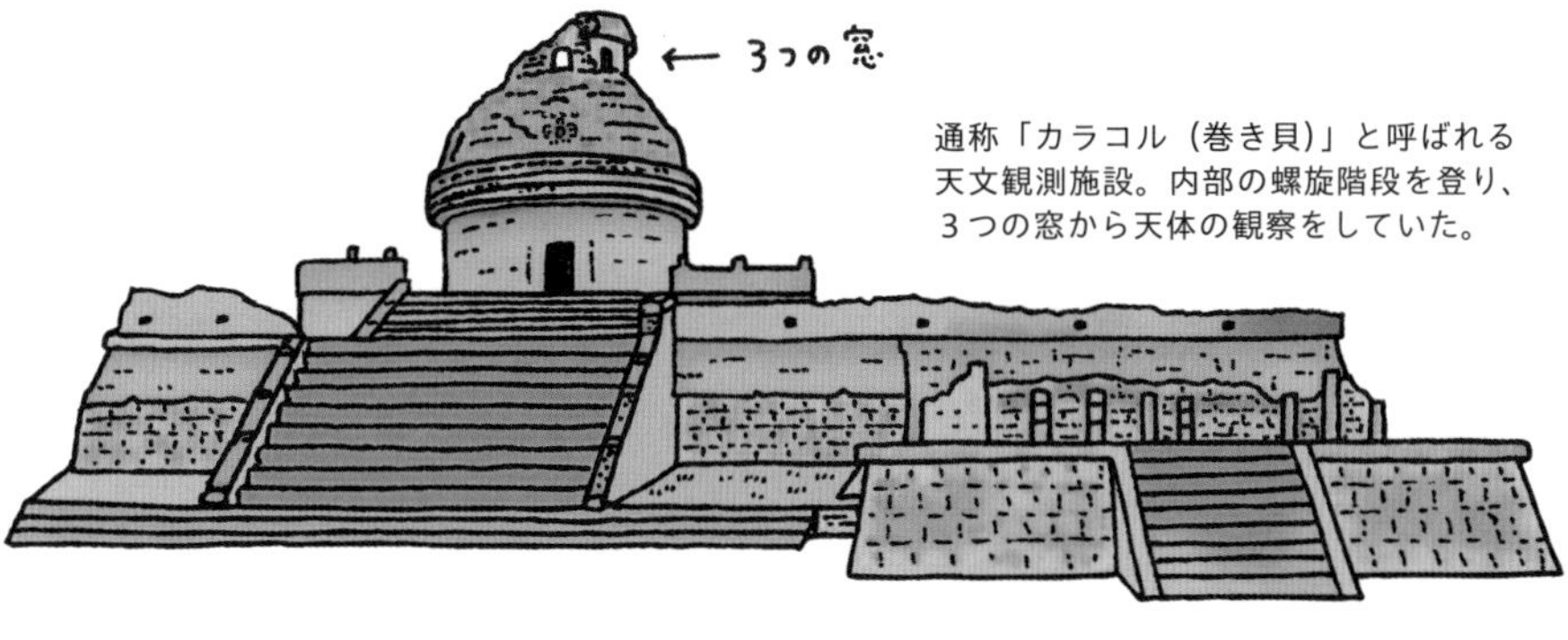

通称「カラコル（巻き貝）」と呼ばれる
天文観測施設。内部の螺旋階段を登り、
３つの窓から天体の観察をしていた。

マヤの暦ってひとつじゃないの？

農作業を管理するための暦と宗教儀礼のための暦を併用していました。

マヤ暦と聞くと占いが頭に浮かぶ人もいるかもしれません。マヤにはいくつかの暦がありましたが、ここではまず、日常的に用いられた２つの暦についてお話しします。

暦のひとつは、トウモロコシなどの食料を生産するための農作業管理用の農耕暦として作られました。これをハアブ暦といいます。ハアブ暦は天文観測から導き出されたもので、1年を20日×18カ月と5日間の３６５日とする暦です。20日という数字は、マヤでは20進法が用いられることによります。

この最後の５日間は、冬至に向かう最後の５日間で、太陽の力がいちばん弱まる日々（日照時間が短いということ）としてウアイェブと名づけ、物忌みの不吉な日だとしたのです。その間、体も洗わず、髪もとかさず、疲れる肉体労働などせず、とにかく静かに過ごしたといいます。

太陽の力が弱まりきった冬至は、新年に据えられました。翌日から再び太陽が力を取り戻していく、つまり再生の日、新たなスタートの日だとしたのです。

そしてもうひとつ。彼らは宗教儀礼に用いる暦、ツォルキン暦も生み出していました。これは13日を1周期とし、それが20周期で２６０日となり、それぞれの日に意味があり吉凶を持つというもの。

３６５日のハアブ暦と２６０日のツォルキン暦は周期が違いますが、両者は併用して用いられ、対になる日の組み合わせがありました。その組み合わせは約52年で一巡します。つまり同じ組み合わせは約52年ごとに繰り返すのです。

マヤの人々は、緻密な天文観測の末、生活に関わる暦と精神世界に関わる暦を生み出し、両者を併用することで、日々を作り上げていたのです。

太陽と星、それらを含む広大な宇宙を見続けたマヤの人々の探究心と、自然や見えない神々への畏敬の念が、マヤの暦には反映されているのかもしれません。

マヤカレンダー

ハアブ暦とツォルキン暦を組み合わせて表示される。

ハアブ暦

- 農耕暦
- 365 日暦
- 1 カ月 20 日 × 18 カ月 + 5 日（ウアイェブ）からなる

イミシュ、イック、カワク、アハウなど、曜日を表す 20 の名前がある。

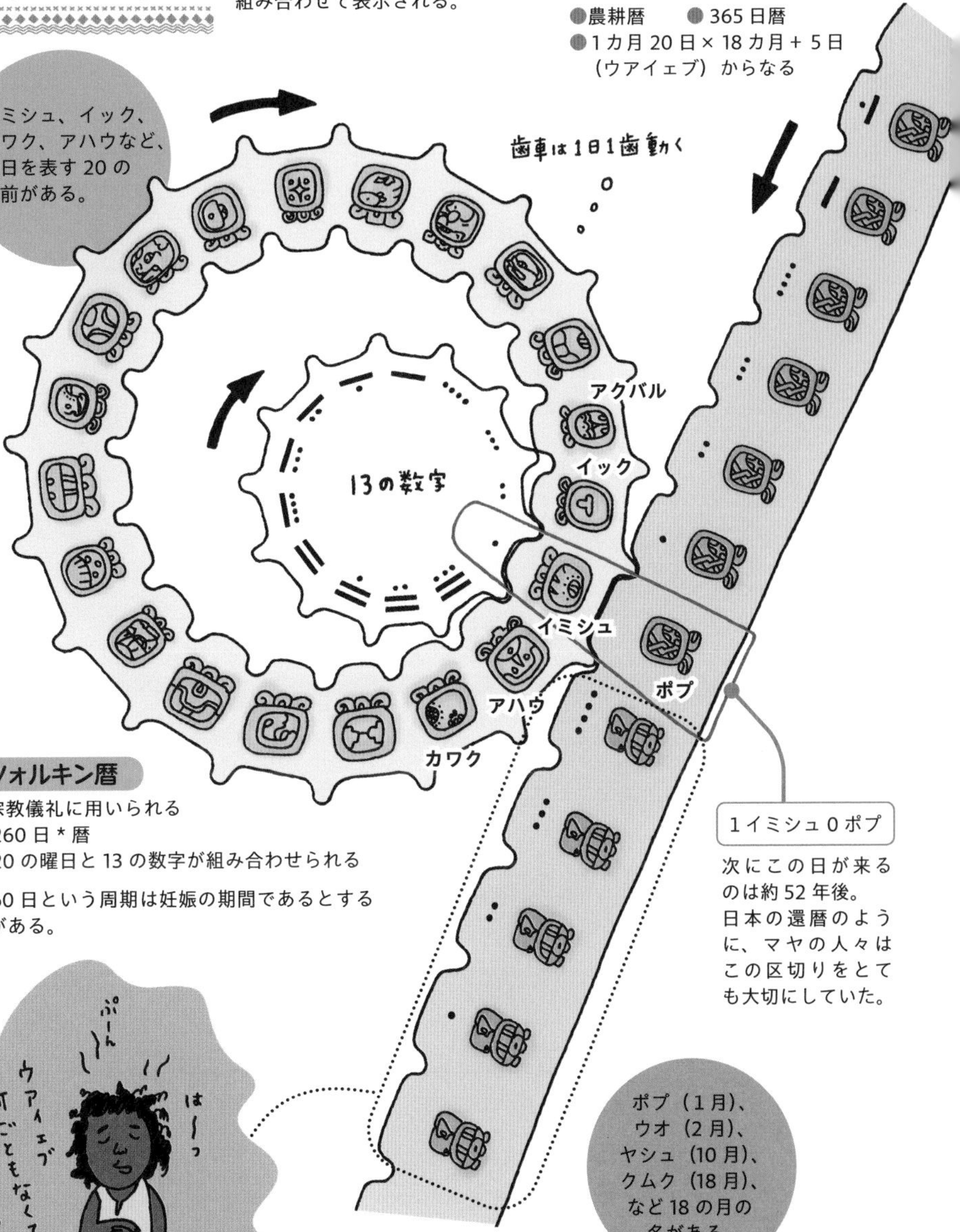

次にこの日が来るのは約 52 年後。日本の還暦のように、マヤの人々はこの区切りをとても大切にしていた。

ポプ（1 月）、ウオ（2 月）、ヤシュ（10 月）、クムク（18 月）、など 18 の月の名がある。

ツォルキン暦

- 宗教儀礼に用いられる
- 260 日 * 暦
- 20 の曜日と 13 の数字が組み合わせられる

*260 日という周期は妊娠の期間であるとする説がある。

ウアイェブの 5 日間。この期間は普段のように生活すると不吉なことが起こると考えられており、何もしないで過ごす。

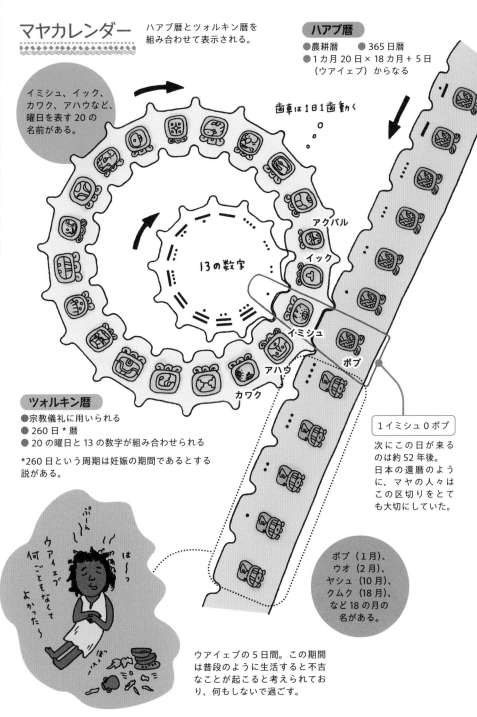

長期の時間の概念もありました

膨大な時間の記録を可能にする単位を作り出し、歴史を記述していました。

マヤの人々は日常の暦だけでなく、長期の時間を記述するオリジナルな単位も生み出していました。

1日を1キンという単位で考え、20キンが1ウィナル、18ウィナルが1トゥン（360日）、20トゥンが1カトゥン（7200日）、そして20カトゥンが1バクトゥン（約400年）になるというもの。この単位によってマヤ世界の始まりからの時間の経過が記録されたのです。これは長期暦と呼ばれ、戦いや王さまに関する重要な出来事がいつのものであるのかが、石碑や祭壇に彫られたのです。

現在ではマヤの時間表記の研究が進められ、西暦に換算する方法も編み出されていますが、実はこの解読が思わぬ騒ぎを起こしました。世界が始まって13バクトゥンが過ぎたときに世界は崩壊する、という言説が広まったのです。その日付を西暦に換算すると、2012年12月23日。その日、何か大きな戦争などが起こり、世界が終わるのではないかと騒ぎになりました。

実際には何も起こりませんでしたが、マヤの人々の独特な時間感覚が知れわたる結果になりました。

マヤの人たちは、さらに長期の時間を記述することができました。1アラウトゥンという単位では約6308万年と、気の遠くなるような時間まで表すことができたのです。

マヤの人々は今を生きながら、一方で、宇宙の中に存在する自分たちの意味も考えていたのかもしれません。彼らの先を見通す世界観には驚かされてしまいます。

「13バクトゥン（2012年12月23日）に世界が終わる」説は長い間人々の関心を集めてきた。

石碑に刻まれた長期暦

ワシャクトゥンの石碑26に刻まれた暦を読んでみよう！

マヤが始まった日は紀元前3114年8月13日

この日にマヤの歴史が始まったとされ、その出来事が起点の日からどのくらいの時間がたった時点のことなのかが記された。

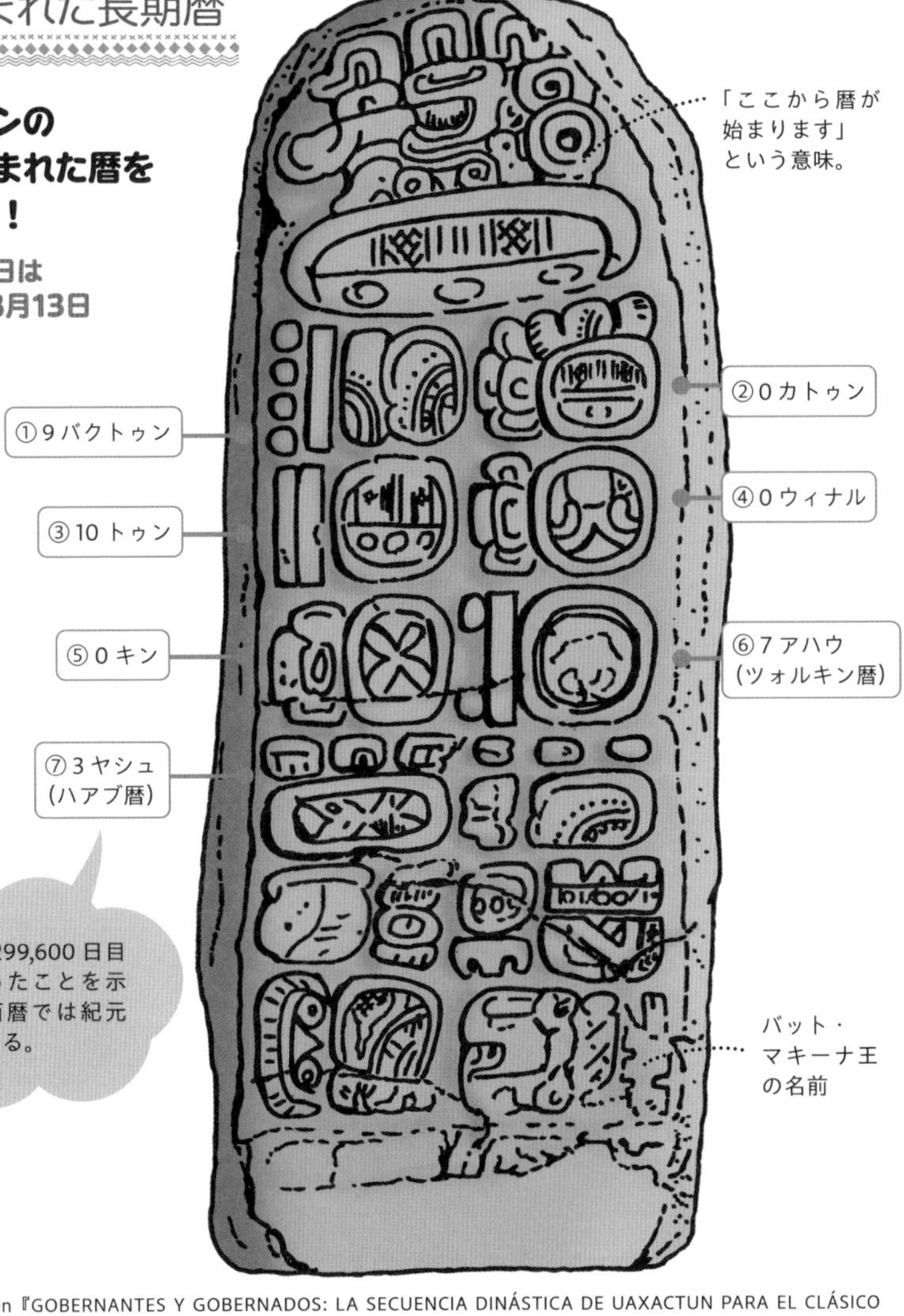

起点から、1,299,600日目の出来事だったことを示している。西暦では紀元後445年となる。

J. A. Valdés, F. Fahsen『GOBERNANTES Y GOBERNADOS: LA SECUENCIA DINÁSTICA DE UAXACTUN PARA EL CLÁSICO TEMPRANO』Fig.8 をもとに作画。

日付を表す単位

- キン　1キン（1日）
- ウィナル　20キン＝1ウィナル（20日）
- トゥン　18ウィナル＝1トゥン（360日）
- カトゥン　20トゥン＝1カトゥン（7,200日）
- バクトゥン　20カトゥン＝1バクトゥン（144,000日＝約394年）
- ピクトゥン　20バクトゥン＝1ピクトゥン（7,885年）
- カラブトゥン　20ピクトゥン＝1カラブトゥン（15万7,704年）
- キンチルトゥン　20カラブトゥン＝1キンチルトゥン（315万4,071年）
- アラウトゥン　20キンチルトゥン＝1アラウトゥン（6,308万1,429年）

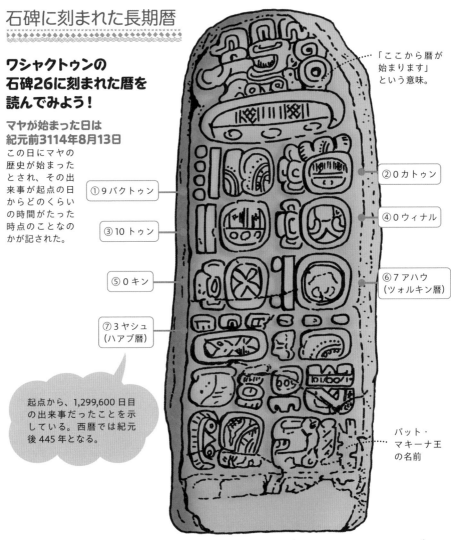

どう見ても文字に見えないマヤ文字

意味を表す文字と音を表す文字を組み合わせた、漢字にも似た文字でした。

マヤ文明の大きな特徴のひとつにマヤ文字の存在があります。メソアメリカでは、先古典期の中頃、オアハカ、ベラクルス、チアパスと呼ばれるメキシコ南部地域で文字が最初に現れたと考えられてきました。

文字は儀礼用の暦であるツォルキン暦と深い関係があり、オアハカを中心とするサポテカ文明とマヤ文明で特に発展していきます。マヤ文明はメソアメリカの他の文明とも互いに影響を与え合いながら発展していますから、文字において影響し合っていても不思議ではありません。

複雑で美しいマヤ文字

各都市の紋章を表すマヤ文字（紋章文字）。研究者ハインリヒ・ベルリンにより1958年に発見された。

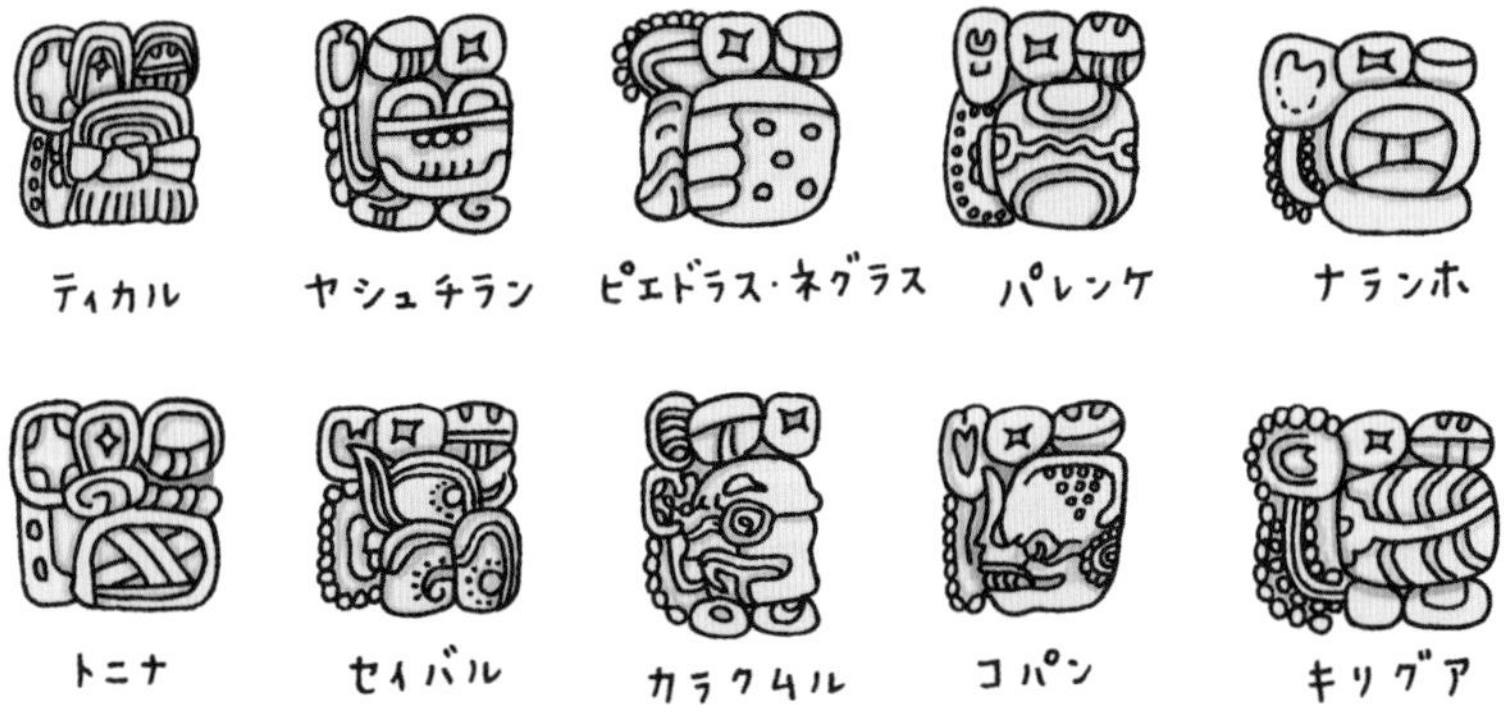

地名や場所を表す主字と２つの接字からなり、「神聖なる［主字が示す場所］の王」という意味を表していることがわかった。

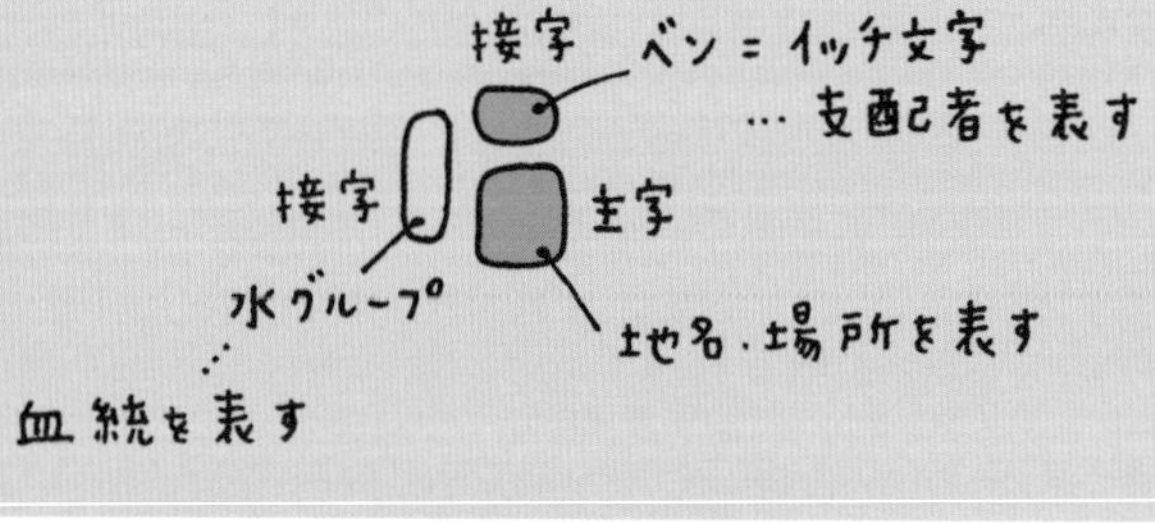

R. J. Sharer, L. P. Traxler『The Ancient Maya（4th Edition）』をもとに作画。

さて、マヤ文字は言語学者を中心に解読が進んでいて、900ほどの主字と接字の組み合わせでできていることがわかっています。主字や接字は日本の漢字のヘンやカンムリに当たるものです。この組み合わせは、音の組み合わせを表している場合と、意味そのものを表す場合があります。組み合わせは膨大にあり、マヤ文字はおよそ4万~5万字あるという研究者もいます。とはいえまだまだ研究途上であり、わからないことも多く残されています。

マヤ文字のしくみ

マヤ文字は主字と接字の組み合わせでできている。
日本の漢字とは違い、主字と接字の位置は書き手によって変えられる。

「バラム」（ジャガーの意）の書き方

1文字で意味と音を表す書き方（漢字に似たもの）

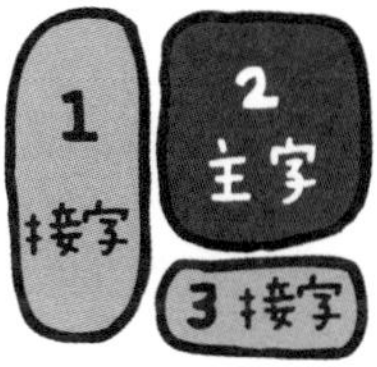

1、2、3の順に読む。

表意文字に音を表す文字を添えた書き方（読み方のヒントがつけられた漢字のようなもの）

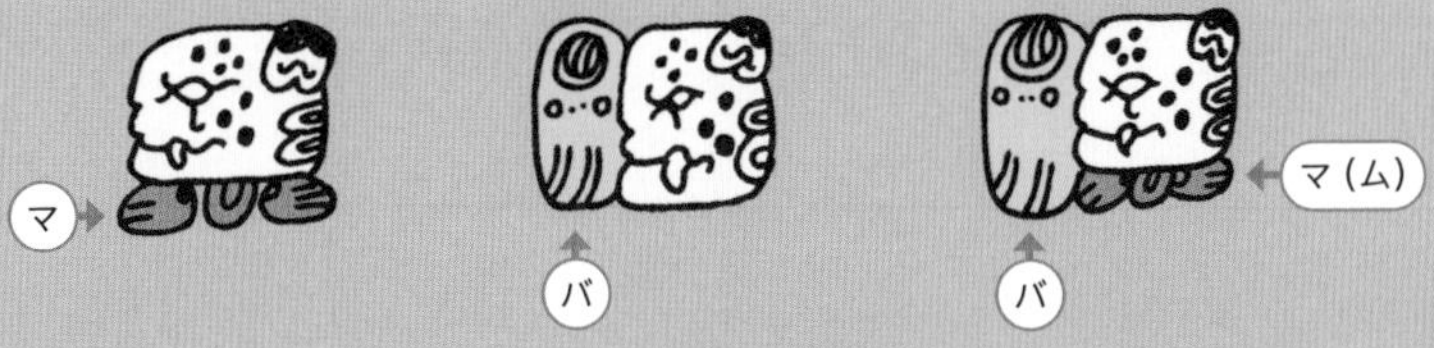

音を表す文字を組み合わせた書き方（平仮名に似たもの）

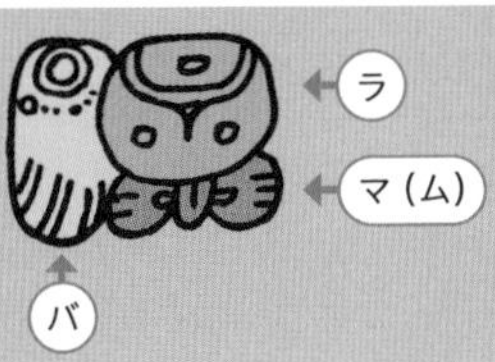

マイケル・D・コウ『マヤ文字解読』（創元社）をもとに作画。

マヤは20進法

マヤでは20進法が使われていた。両手両足の指の数の合計が20になることによる。

0～19までの表し方

•と — による表記例。横だけでなく のように縦に配置されることもある。

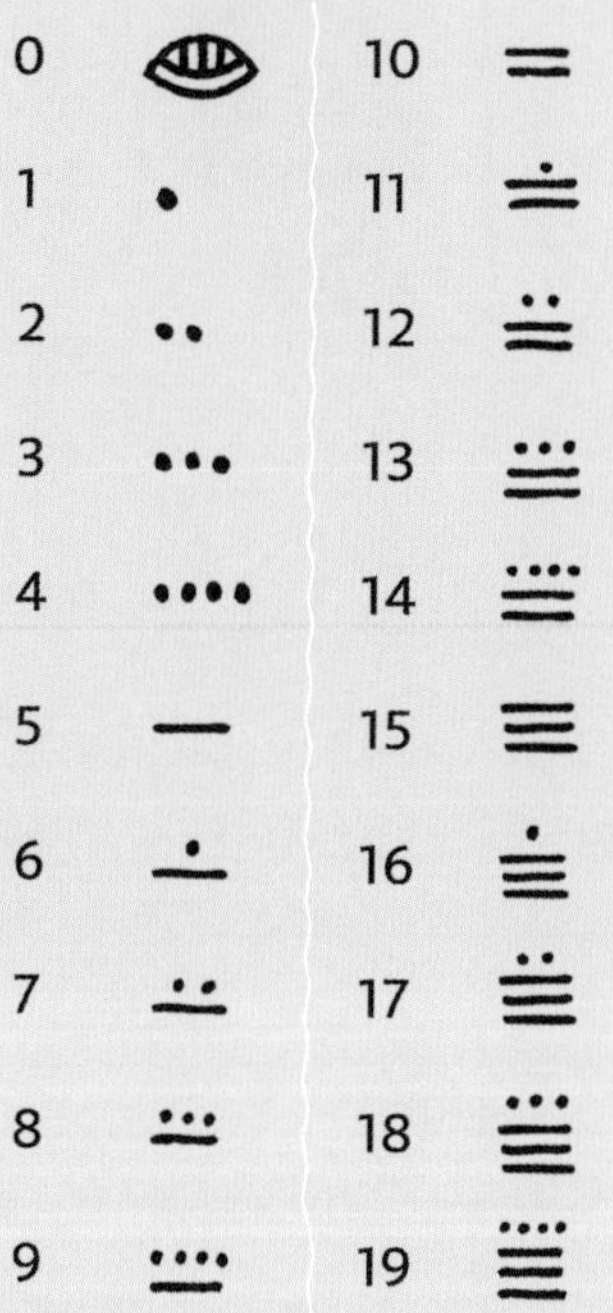

20以上になると位がつく

20

←2つ目の位…20 × 1=20

←1つ目の位…0

位は下から上に積み上げられる。

20進法では、2つ目の位は20、
3つ目の位は20 × 20=400、
4つ目の位は20 × 20 × 20=8000…となる。

マヤ文字はツォルキン暦と深い関係があるとお話ししましたが、カレンダーの日付はマヤ文字とマヤの20進法の数字の組み合わせによって表されています（103ページ）。

儀礼とも深く関わるマヤ文字の担い手は、エリートに限られていました。マヤ文字はエリートによって、石や板、土器、木の皮を叩いて伸ばし、漆喰《しっくい》を塗った壁や床、ピラミッドの外壁などに刻まれ、書かれたのです。文字や暦の知識があるということが、エリートをエリートたらしめ、庶民から尊敬の眼差しを注がれる源泉にもなったと考えられます。

最後に、ひとつ。マヤの数字の中に様式化された貝の形で表現されたものがあります。実はこれ、ゼロを表しているのです。

なんとマヤの人たちはゼロの概念を持っていたのです。

ゼロの概念は古代インドで発明され

頭字体で表した数字

マヤ文字には頭字体（複雑な書き方）、幾何体（簡素化した書き方）、全身像体（さらに複雑で非常に特殊な書き方）の３つの字体がある。

インド人がゼロを確立したのは５世紀頃といわれるが、マヤではそれより数百年早くゼロを用いていた。

た、といわれますが、マヤではそれよりも早く、ゼロを用いていたことがわかっています。膨大な時間を記述する長期暦を計算するために、ゼロは必要な概念だったのです。

「世界の文字 マヤ暦」（www.chikyukotobamura.org）をもとに作画。

石に刻まれたマヤ文字

王の偉業はとにかく石に刻んでいました。

マヤ文明に関して多くのことがわかるようになったのは、マヤ文字が残されていたからでもありますが、そのマヤ文字は石で作られたもの、石碑、石板、石柱、石の階段といったものによく刻まれていました。

特に古典期になると各地の王さまや支配者階級の者たちは、自らの偉業を知らしめるため、また後世に残すために、マヤ文字によって記録を残したのです。

例えばマヤ低地南東部に栄えた都市、コパンの遺跡には、歴代の王16名の名前が彫られた祭壇があります。こ

手前にあるのは第15代王の彫像。

2200ものマヤ文字が刻まれた階段

コパン遺跡の26号神殿の通称「神聖文字の階段」。
幅10mの階段の1段1段にびっしりとマヤ文字が刻まれている。初代王キニチ・ヤシュ・クック・モを讃える他、第7代王「睡蓮ジャガー」から第15代王カック・イピヤフ・チャン・カウィールの王の正統性が書かれているという。

れは祭壇Qと呼ばれ、名前だけでなく王位継承順位の数字も刻まれています。また26号神殿と呼ばれる主要神殿の63段ある階段には、2200のマヤ文字が刻まれ、王権の正統性を示し、初代王キニチ・ヤシュ・クック・モを讃えているといいます。

これらは書記である支配者層によって刻まれ、王位を確かなものにする道具となったのです。

こうして盛んに作られた石碑や石板などの記念物は、後古典期になると作られなくなります。それは神聖王と呼ばれた王さまたちの姿が消え、新たな社会秩序が生まれてきたからです。

記録というものは勝者のものしか残りません。ときには作られた記録が残ることもあるでしょう。しかしこうして直接石に刻み彼らが残してくれた記念物は、彼らの世界観を後世に伝えてくれる貴重な資料となったのです。

歴代の王が刻まれた祭壇

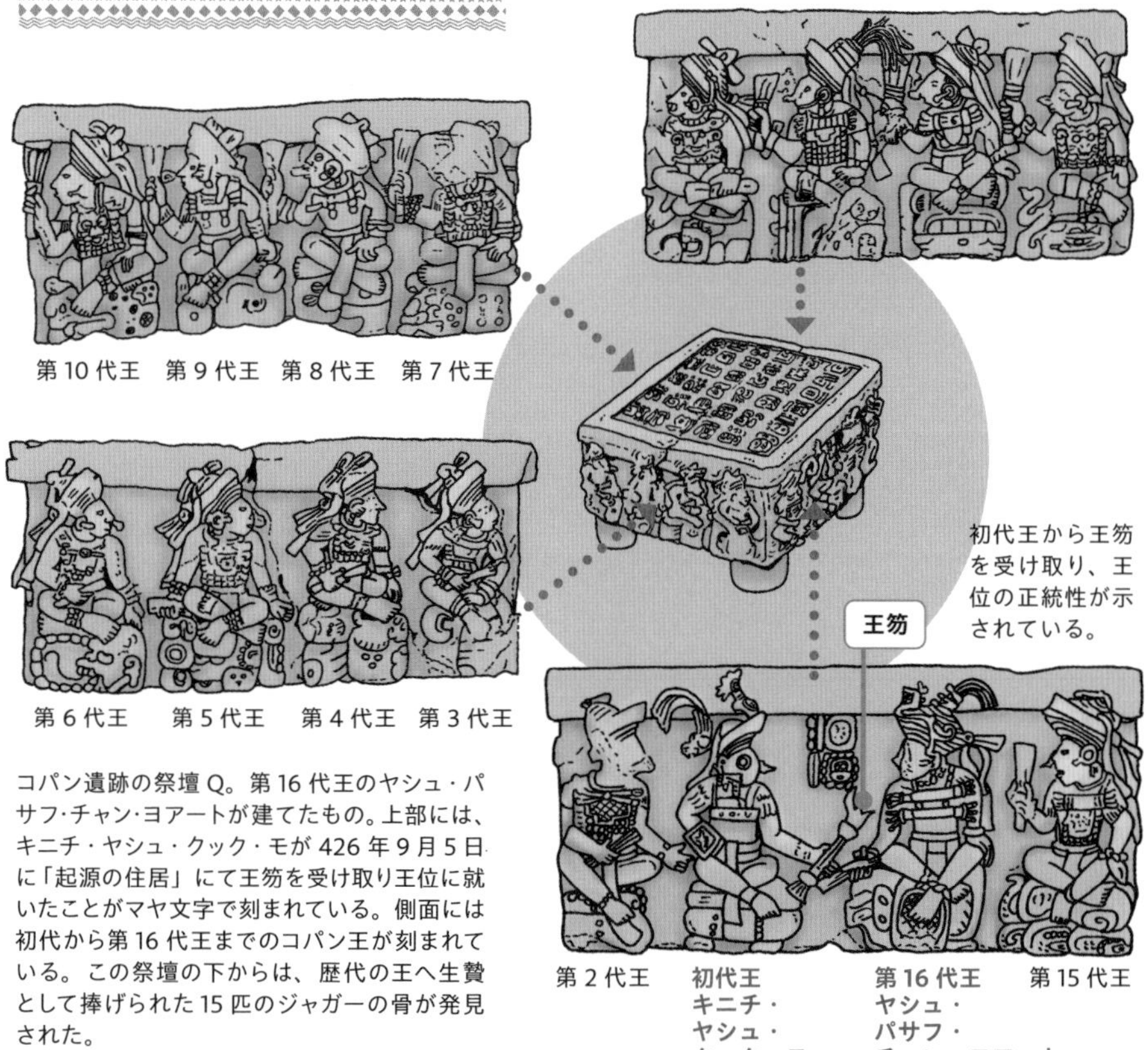

コパン遺跡の祭壇Q。第16代王のヤシュ・パサフ・チャン・ヨアートが建てたもの。上部には、キニチ・ヤシュ・クック・モが426年9月5日に「起源の住居」にて王笏を受け取り王位に就いたことがマヤ文字で刻まれている。側面には初代から第16代王までのコパン王が刻まれている。この祭壇の下からは、歴代の王へ生贄として捧げられた15匹のジャガーの骨が発見された。

すべて『神秘の王朝 マヤ文明展』（TBS）をもとに作画。

あれもこれも石に刻みます

コパンは美しい高浮き彫りの彫刻で名高い。前ページで紹介した神聖文字の階段や祭壇Qだけでなく、王の石碑や、神をかたどった浮き彫りなど、さまざまなものが石に刻まれていた。

石碑A

第13代王ワシャクラフーン・ウバーフ・カウィールの像。神官の格好をしている。コパン遺跡の石碑は高浮き彫りといわれる技法で作られている。立体的で複雑な技巧を凝らした造形で、芸術性の高さで名高い。

コパン遺跡の さまざまな石彫や石像

暗黒の神イークの浮き彫り

ジャガーの浮き彫り

コウモリの神の彫刻

死後の世界に住むとされる。

巨石人の浮き彫り

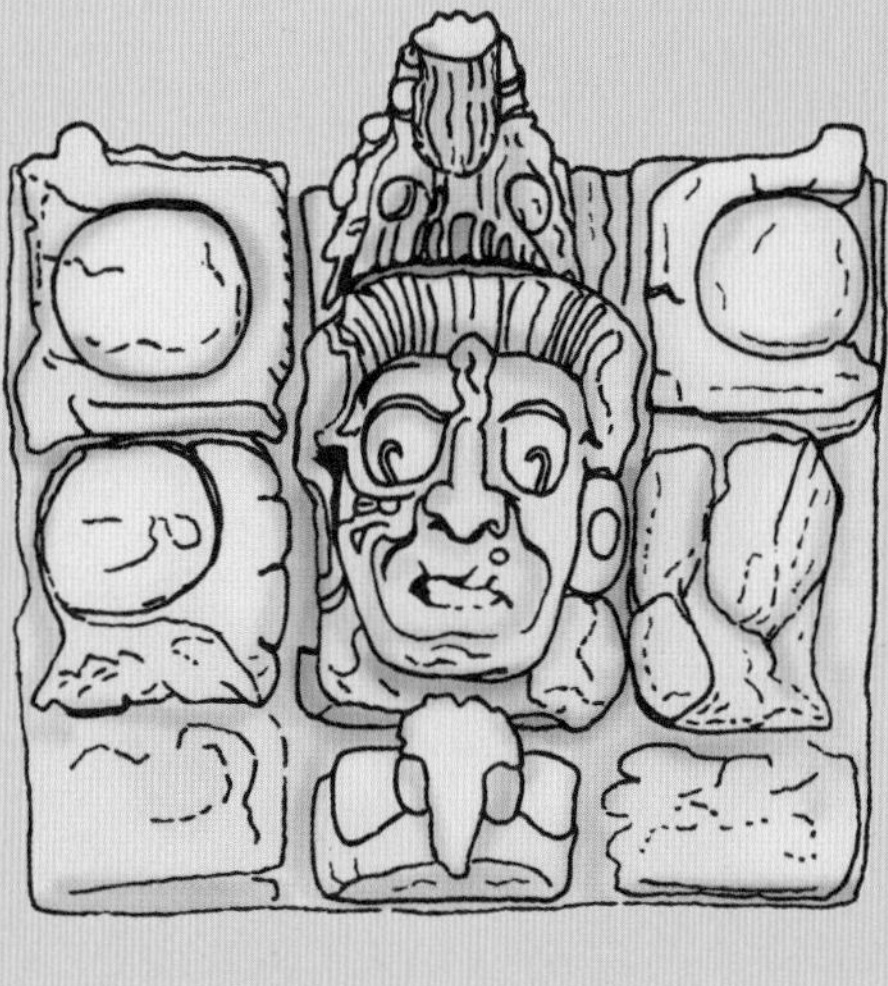

バカブ神の頭像

バカブ神は天を支える神。

COLUMN

マヤの高い造形技術

マヤ地域からはマヤの人たちが作り出した技巧性の高い品物がたくさん発見されています。マヤの人たちはその高い造形技術を用いて、王や神、超自然的な生き物などをさまざまに作り上げていました。

王の座像の香炉
高さ 80cm
4 世紀
グアテマラ（マヤ地域）
土製

この大型の香炉は儀式の際にコパル（p.62）を焚くために使われたと考えられる。

横顔の施された王笏
高さ 34.6cm
7 ～ 8 世紀
メキシコもしくは
グアテマラ（マヤ地域）
フリント（石）製

神話の場面が描かれた円筒型土器
高さ 14cm
7 ～ 8 世紀
グアテマラもしくはメキシコ（マヤ地域）
土製

カカオドリンク（p.46）などを飲んだと考えられる飲用のカップ。

座る王の描かれた円筒型土器
高さ 24.1cm
7 ～ 8 世紀
メキシコ（マヤ地域）
土製

大きさからカカオドリンクを調合する際に用いられたと考えられる。

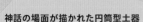

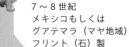

花から現れる
トウモロコシの神
高さ 20.7cm
7 ～ 9 世紀
メキシコ（マヤ地域）
土製

トウモロコシの神の対になる装飾
高さそれぞれ 5.7cm
5 ～ 7 世紀
南メキシコ、グアテマラ、
ホンジュラス、ベリーズ（マヤ地域）
貝製

笛の容器
高さ 30.2cm
400 ～ 500 年
メキシコもしくはグアテマラ
（マヤ地域）
土製

右の人物の方の容器に水を入れると、左の鳥（イツァムナーと思われる）の中の笛が鳴るしくみになっている。

ワニ型の笛
長さ 18.7cm
700 ～ 800 年
メキシコ（マヤ地域）
土製

背中の面は、インディゴと粘土を混ぜたマヤブルーの顔料で塗られている。

COLUMN

マヤの高い造形技術

神話の場面が描かれた三脚皿
直径 41.9cm
7 ～ 8 世紀
グアテマラもしくはメキシコ
(マヤ地域)
土製

黒い水（セノーテ）から雨の神チャクが現れる。

鳥型の装飾品
高さ 6.4cm
600 ～ 800 年
グアテマラあるいは
メキシコ（マヤ地域）
貝製

水鳥の姿を表す。
胸には神の顔がある。

雨の神チャク
高さ 215.6cm
9 世紀
メキシコ（マヤ地域）
石灰岩製

稲妻を象徴する斧を握りしめ、威嚇するように口を大きく開ける。

ヒスイの神像
高さ 10.8cm
3 ～ 6 世紀
南メキシコ、グアテマラ、
ホンジュラス、ベリーズ
(マヤ地域)
ヒスイ製

神の顔のペンダント
高さ 5.7cm
7 ～ 9 世紀
南メキシコ、グアテマラ、
ホンジュラス、ベリーズ
(マヤ地域)
ヒスイ製

すべてメトロポリタン美術館蔵。
Photos: The Metropolitan Museum of Art（www.metmuseum.org）

知られざるマヤ文明

5章

マヤ人が信じるもの

生贄は神さまのため

神々に願いを聞いてもらうために、捧げなければならないものでした。

マヤ文明と聞くと生贄が真っ先に頭に浮かぶ、という人がいます。生贄という言葉は非常にインパクトが強く、儀式とはいえマヤの人々を野蛮だと思う人もいるかもしれません。しかしそれは、当時その地に暮らしていない人の価値観でしかありません。

神々に願いを聞いてもらうためには、人間が身を挺《てい》してお願いすることが当たり前でそれをずっと続けてきたという人たちにとって、生贄は必要なことだったのです。

生贄には戦争捕虜の男性の他、女性や子どもも捧げられました。セノーテ（96ページ）に投げ込まれることもありましたし、チャク・モールと呼ばれる台の上にえぐり取った心臓を捧げることもありました。チャク・モールはユカタン半島北部の遺跡、チチェン・イツァの「戦士の神殿」と呼ばれる場所（120ページ）をはじめ複数の遺跡にも置かれています。

そうして神さまに捧げられた生贄の肉を食べることもあります。食人という行為になるわけですが、神さまに捧げたものを自分の体に取り込み、神さまと同じ力を持つことを願って行われる儀式でした。日本の神事でも直会《なおらい》という行事があり、神饌《しんせん》を皆で食べることで神さまの力を分けてもらうというものがありますが、古今東西、神さまの力を自分に取り込む儀式は存在しています。それがマヤ地域ではときに食人の文化になった、ということになります。

戦争捕虜を生贄にすることが盛んに行われるようになったのは、後古典期以降のユカタン半島北部が中心でした。その前はどうしていたかといえば、王さまが自らの男性器を傷つけたり、高位の者が舌や耳などを傷つけたりして血を捧げる放血の儀礼（60ページ）が中心だったのです。

生贄の儀式

後古典期の生贄の儀式では、生贄となった人物の腹を切り裂いて心臓が取り出され、神々へ捧げられた。このような儀式が盛んに行われるようになったのは、メキシコ中央高地のトルテカ文明の影響によるとされている。

黒曜石のナイフ

生贄の祭壇、チャク・モール

ここに心臓などの供物を置いて神（太陽）へ捧げ、託宣（神のお告げ）を得た。

チチェン・イツァ遺跡の「金星の基壇」から発見されたチャク・モール。

生贄の文化を伝えるものたち

チチェン・イツァ遺跡には、生贄の文化を今に伝えるものがたくさん残されている。太陽に人間の心臓を捧げるチャク・モールや頭蓋骨を並べた壁「ツォンパントリ」などは、チチェン・イツァから1000km離れたメキシコ中央高地のトルテカ文明の影響と考えられている。

生贄の儀式が行われた「戦士の神殿」

神殿の頂には、ククルカンの石像がそそり立ち、手前にチャク・モールが置かれている。ここで生贄の儀式が行われたと考えられる。

チチェン・イツァ遺跡の「戦士の神殿」。トルテカ文明のトゥーラ遺跡の神殿に酷似している。

頭蓋骨の壁「ツォンパントリ」

チチェン・イツァ遺跡の球技場の東側に並行して建てられた「ツォンパントリ」と呼ばれる壁には、数えきれないほどの頭蓋骨の浮き彫りがびっしりと施されている。
この基壇上には生贄の首が陳列されたという。

捕虜 マヤの石像や壁画では、戦士だけでなく捕虜の姿も多数見ることができる。捕虜は、王や貴族が主であり、生贄として神へ捧げられたり、政治的・経済的な交渉の材料となったりもした。

トニナ遺跡で発見された石板。後ろ手に縛られた捕虜の男が彫られている。
トニナ遺跡博物館の展示をもとに作画。

カンペチェ州アクンピチ（またはクンピチ）で発見された捕虜像。全裸で首に太い綱が巻きつけられている。

『世界の博物館 5　メキシコ国立人類学博物館』（講談社）をもとに作画。

マヤの神話

世界の始まりから双子の英雄の活躍、そして祖先の歴史までが記されたマヤの創世記です。

世界中に神話があるように、マヤにも神話が存在しています。「ポポル・ヴフ」といわれるもので、16世紀の中頃、マヤの民族のひとつ、キチェ族の貴族がキチェ語で書いたものといわれています。キチェ族は後古典期に大きな力を持った人たちでした。

神話は3部構成になっていて、第1部では創造主が世界を創り出した話が繰り広げられます。

神々は自然を創り、そこに動物を創ったが、動物たちは創造主を讃え敬うことをしなかったので、終生食べられる存在になった。次に土をこねて人

人間の創造

神々は自分たちを崇める存在を創りたかったが、失敗に終わる。

最初に創られた動物はわめくだけで神々を崇めなかったため、次に泥で人間を生み出そうとしたが、失敗する。

そこで神々は木の人間を創り出した。しかし無意味に歩き回るだけで考えることができず、神々を崇めることをしない。

失望した神々は大洪水を起こして流し去ってしまう。生き残った木でできた人間の子孫は、サルとなった。

間を創ったがドロドロに溶けてしまいうまくいかない。今度は木を使って人間を創り出したが、話すことも自ら子孫を増やすこともできたのに創造主を崇めることをしなかったため、創造主は大洪水を起こして木製の人間たちを滅ぼしてしまう……。

続く第2部ではフンアフプーとイシュバランケーという双子の神が登場します。

彼らは日頃、球技をしていたが、大地をバタバタと駆け回る音に耐えかねた冥界（シバルバ）の死の神であるフン・カメーとヴクブ・カメーによって殺されてしまう。ところが彼らは5日後に復活し、自分たちを殺した死の神を殺し、それ以前に殺されていた父フン・フンアフプーと叔父のヴクブ・フンアフプーの亡骸を探し出す。仇を取った双子の神は月と太陽になった……。

双子の英雄の活躍、月と太陽の創造

フンアフプーとイシュバランケーという名の双子の神は、それぞれ月と太陽になる。

フン・フンアフプー

双子の父。トウモロコシの神になる。

イシュバランケー

「小ジャガー」の意味。口元や体にジャガーの毛皮をつけている。父の霊を解放した後、太陽となる。

フンアフプー

「猟師」の意味。顔と体に黒い斑点が描かれる。父の霊を解放した後、月となる。

古典期の土器に描かれた絵より。双子の神によって大地（カメの甲羅）から父フン・フンアフプーが復活する場面が描かれている。

P. Schmidt, M. Garza, E. Nalda『Maya』を参考に作画。

そして最後の第3部で再び創造主が人間を創り出す話になります。

創造主はトウモロコシから、バラム・キツェ、バラム・アカブ、マフクタフ、イキ・バラムという4人の男を創り出した。この4人は善人であり、創造主に感謝することを知る人たちだった。4人は創造主と同じような能力を持っていて、それは創造主にとってはあまり都合のいいことではなかった。そこで人間たちの目に霞を吹きかけ、能力を下げてしまう。その代わり、妻となるべき女、カハ・パルーナ、チョミハー、ツヌニハー、カキシャハーの4人を創り男たちに与えた。この4組の夫婦がキチェ族の祖先となった……。

この神話にあるように、マヤの人々は人間はトウモロコシから生まれたと信じ、人間は神々を讃えるため、そして神々に糧を捧げて奉仕するために神さまによって創られた存在であると認識していたことがわかります。

現代日本人からすると自分を讃えない存在は滅ぼしてしまうなんて、酷い創造主だなと思いますが、マヤの人々にとっては、この神話があることで自らの存在を意味づけることができ、拠り所にもなったのでしょう。マヤの人々は、人間を含むさまざまな生贄を神さまに捧げることも、神格化されたトウモロコシに近づきたい、すなわち神さまに近づきたいと頭蓋変形させることも、この世界で生きていく上で当たり前の行為だと考えていたのかもしれません。

双子の神は一度死んだ後に復活しているが、これは地下界での試練を経た生命が地上で再生を遂げるという思想を表しているとされる。トウモロコシの種が地中から芽を出し育つという自然の摂理に通じている。

トウモロコシから誕生した祖先

自分たちを崇め敬う存在が欲しかった神々は、ついに高い知性を持つ人間を創り出した。トウモロコシを挽いた粉から創り出されたその人間は、キチェ族の祖先となった。

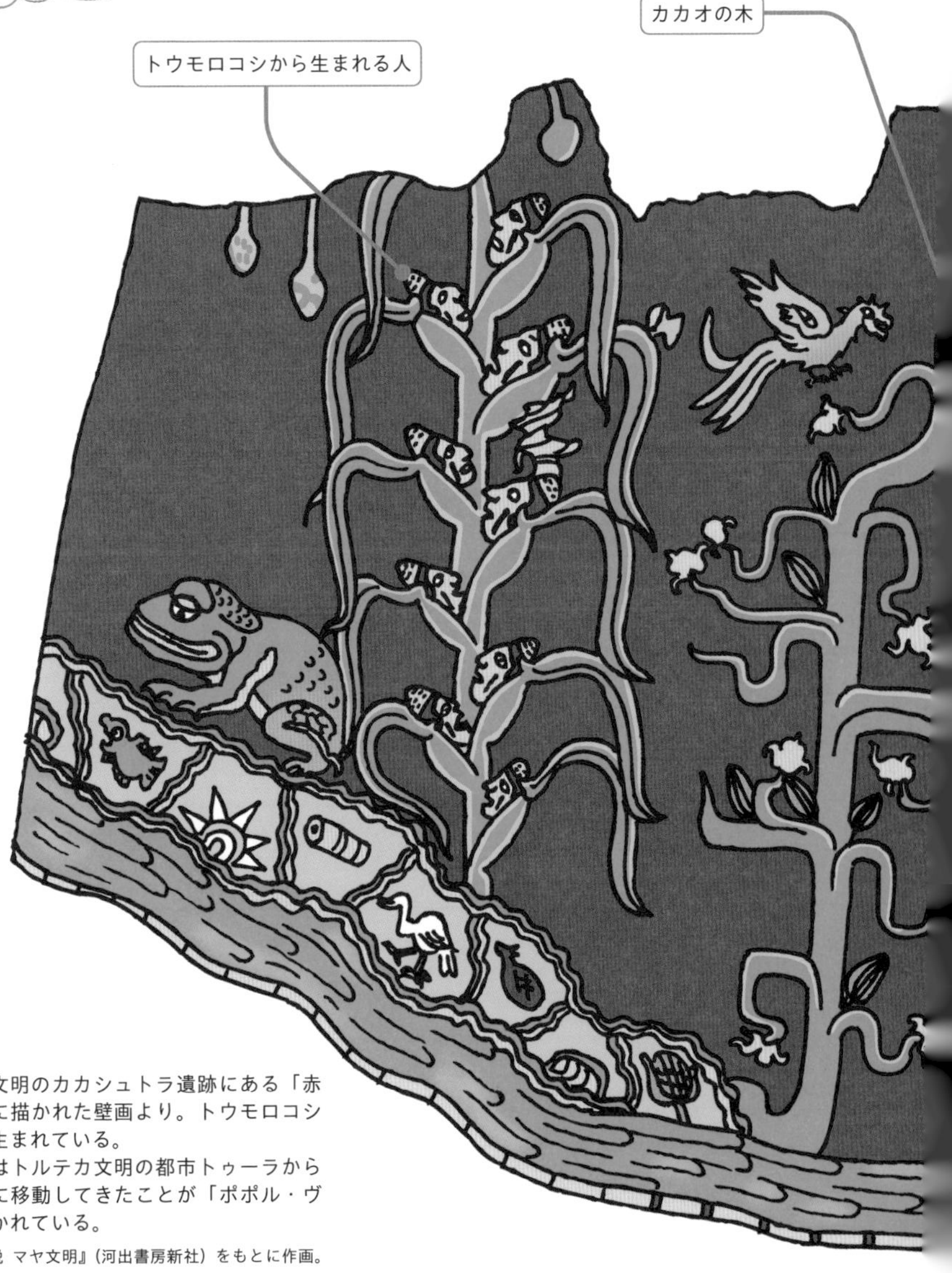

トルテカ文明のカカシュトラ遺跡にある「赤の神殿」に描かれた壁画より。トウモロコシから人が生まれている。
キチェ族はトルテカ文明の都市トゥーラからマヤ南部に移動してきたことが「ポポル・ヴフ」に書かれている。
嘉幡茂『図説　マヤ文明』（河出書房新社）をもとに作画。

あれもこれも神さま

マヤの人々の暮らしは たくさんの神々と共にありました。

日本にも八百万《やおよろず》の神という言葉があるように、マヤの人たちも有機物、無機物、自然環境におけるありとあらゆるものに霊魂があり、多くの神さまが存在すると考えていたようです。これをアニミズムといいます。

マヤの人々は、人智が及ばない天災や厄災は目に見えない超自然的存在の意思によって引き起こされると考えました。そしてその存在を神々として崇め敬うことで機嫌をとり、人間に害が及ばないようにとさまざまな儀式を行いました。王さまたちは、神々の力を借り、またはその力を自らに取り込んで人間界をうまく回そうと、放血の儀礼を行ったり生贄を捧げたりしながら祈ったのです。

祈る対象となった神さまは、それぞれ役割を持っていました。例えば、ユム・カアシュ（森の首長）はトウモロコシの神さまで、大地の豊穣を司り、生命を守護する存在。チャクは雨の神さまとされ、トウモロコシをはじめ、多くの人が従事する農耕にとって重要な恵みの雨を司りますが、一方で雷や嵐などもチャクが引き起こします。ククルカンは羽毛のあるヘビの姿で表され、チャクの神性のひとつ、風を司る他、生命の守護神であり、職能も司ります。中には自殺を司るイシュタブという神さままで存在しています。

農耕に関係する神さまや商売に関係する神さま、冥界を治める死の神さまや人間にトウモロコシやカカオ、ゴムなどの農耕栽培の技術を伝授し、文字や暦による時間の記録方法を教えたという神さまなど、さまざまな役割を持つ神さまが存在していました。

マヤの人たちにとって、生きている間に起こることは常に神さまの意思が働いたものであり、とにかく神さまに愛されるよう、加護がもらえるように奉仕していくのが当然だということなのかもしれません。

神さまと共に人生がある。言い換えれば、圧倒的に厳しい自然界の中では人間の存在はとても弱くて小さく、自分たちが生きていられるのはさまざまなものに宿る神さまの加護があればこそのことなのだと、マヤの人たちは考えていたのかもしれません。

絵文書に描かれたマヤの神さまたち

『ドレスデン絵文書』。マヤの書物で、ドレスデンで見つかったのでこの名がある。
マヤの神々の他、暦、天文学、儀式について記されている。

イツァムナー

マヤの最高神で、天空と大地を司る神。ワニの口から登場している。

絵文書

このような絵文書はマヤのエリート層の間で用いられていたと考えられている。絵文書の多くはスペイン人宣教師によって焼却されてしまい、現在『ドレスデン絵文書』、『マドリード絵文書』、『パリ絵文書』、『グロリエ絵文書』の４冊しか発見されていない。後古典期、あるいはスペイン征服期のもので、石灰を塗った木の皮やシカの革を屏風折りにして作られている。

メキシコ国立人類学博物館の展示をもとに作画。

個性豊かなマヤの神さまたち

マヤの人々の生活には常に神々の存在があった。神話「ポポル・ヴフ」には、人間は神々を崇め敬い、奉仕をするために創り出されたとある。神々の恩恵を受けることは生きるために必要なことだった。

イツァムナー

「大空の首長」の意味。最高神。トウモロコシやカカオなどの栽培方法や、文字、暦、薬学を伝授した。

イシュ・チェル

月の女神。妊娠、出産や織物を司る。洪水を巻き起こすことも。

ユム・カアシュ

「森の首長」の意味。トウモロコシの神。狩猟の神という説も。若者の姿で描かれ、トウモロコシの果穂を頭につけている。

チャク

雨の神。雷や嵐も担当。長い鼻と大きな牙、T字形の目（涙を象徴している）を持つ。

『ドレスデン絵文書』にはマヤの神々の姿が描かれている。イラストは『ドレスデン絵文書』に描かれた神々の絵をもとに作画・着色したもの。

アー・プチ

死の神。地下界を治める神のリーダー。
骸骨の姿で、頭や首に鈴がついている。

ククルカン

羽毛のヘビ。キチェ族では創造神
「グクマッツ」と呼ばれる。

イシュタブ

自殺の女神。天から下がる縄で首を吊っている。

道端で男を誘って自殺させる邪悪な神で、自殺者を空へ導く。頬の黒いシミは腐敗を表す。

ブルック・キャブタン

戦争と人身供犠の神。死と関係のある場面で
登場する。頬に黒いラインが描かれるのが特徴。

マヤ人の世界観

世界は天上界・地上界・地下界に分かれ、「生命の木」によって支えられていると考えていました。

マヤの人々はさまざまなものに神性を見出し、神々と共に生きていましたが、その生きる世界についても独特の認識の仕方がありました。

彼らは世界を天上界、地上界、地下界という3つの世界で認識していたようです。天上界は13層に、地下界は9層に分かれていて、それぞれが神さまによって支配されていると考えていました。人間たちが住むのはその間の地上界です。

3層に分かれた世界は、「生命の木」とされる樹高が60メートルにもなる巨大なセイバの木によって支えられていると考えていました。天にも届かんばかりに伸びる幹は天上界と、大地に降ろした根は地下界とつながるイメージだったのでしょう。彼らが描くものの中に、様式化されたセイバの木が中心に据えられている図があります。これは「生命の木」が世界を支えているという世界観が表れたものです。

こうして「生命の木」は彼らの世界の中心に存在し、ここを起点に東西南北と、中心を加えた5方位が認識されていました。これらの方位は太陽の運行と関連づけて意味づけされていました。東は太陽が闇の世界から再び現れる方位で、西は太陽が地下界へと沈み死にゆく方位、北は太陽が天に達する生命力あふれた方位であり、南は太陽が復活するために地下界で戦っている方位でした。

また、方位には色もあてていました。中心は緑、東は赤、西は黒、北は白、南は黄色といった具合です。

世界は巨大な爬虫類の背中にある

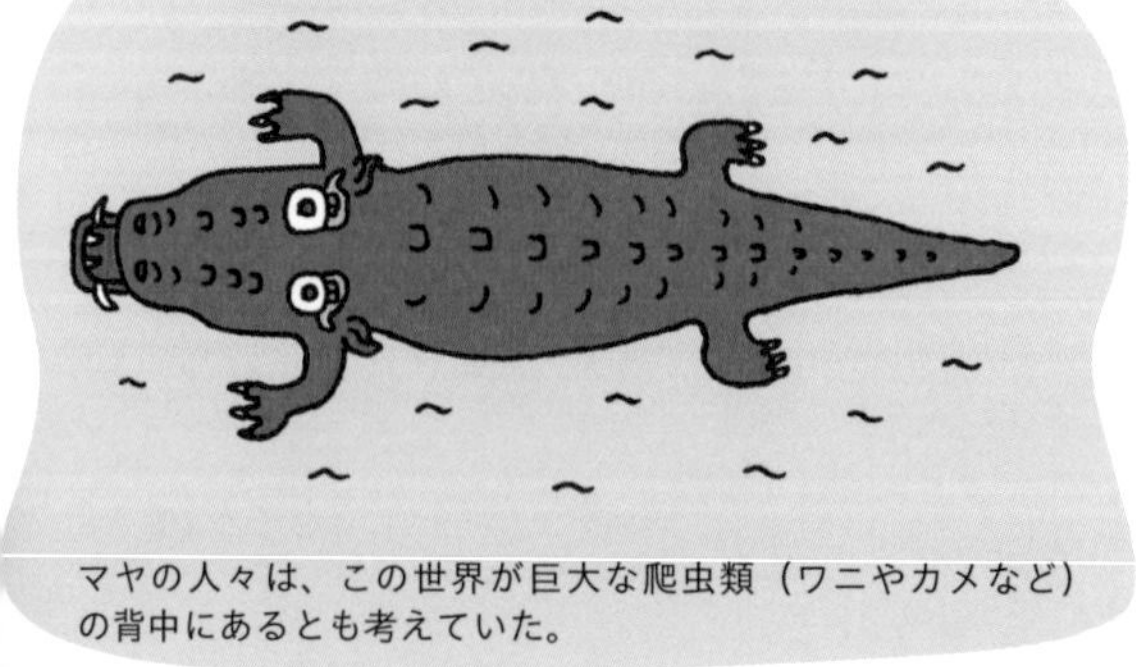

マヤの人々は、この世界が巨大な爬虫類（ワニやカメなど）の背中にあるとも考えていた。

マヤ世界の3つの階層

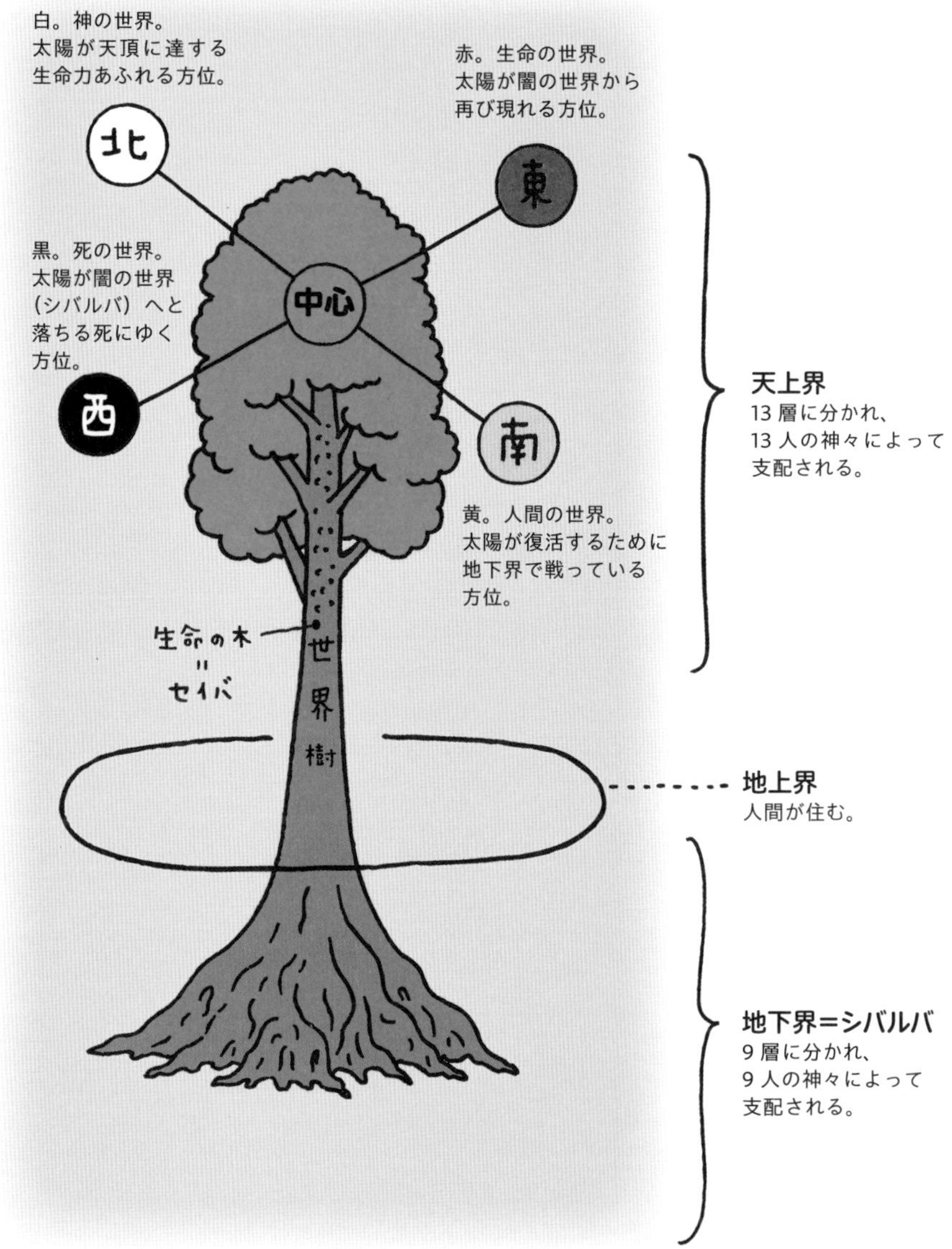
白。神の世界。
太陽が天頂に達する
生命力あふれる方位。
赤。生命の世界。
太陽が闇の世界から
再び現れる方位。
北
東
黒。死の世界。
太陽が闇の世界
（シバルバ）へと
落ちる死にゆく
方位。
中心
西
南
黄。人間の世界。
太陽が復活するために
地下界で戦っている
方位。
生命の木
＝
セイバ
世界樹
天上界
13層に分かれ、
13人の神々によって
支配される。
地上界
人間が住む。
地下界＝シバルバ
9層に分かれ、
9人の神々によって
支配される。

マヤでは洞窟は地下界への入り口であると考えられていた。「聖なる山」であるピラミッドの頂に設けられた部屋は洞窟を表すと考えられている。チチェン・イツァ遺跡の「エル・カスティーヨ」（p.136）や、ティカル遺跡の1号神殿（p.81）、パレンケ遺跡の「碑銘の神殿」（p.82）は9段の基壇で造られているが、これは地下界の9層を表すと考えられる。

また、天体に強い関心のある彼らは、太陽の運行以外に月や金星の動きも注視していました。中でも金星は「危機」を司る星として認識していて、古典期の戦争は、金星の動きと連動していたこともわかっています。

　マヤを含むメソアメリカの人たちは、世界は滅亡と再生を繰り返すと信じていました。それが2012年12月23日の世界滅亡説（104ページ）につながるわけですが、この世界には、すべての生き物と同じように存在に限りがあり、生と死を繰り返すと考えていたということかもしれません。

　こうして見ると、マヤの人たちは目に見えるものも見えないものも区別することなく、天体を含むすべての存在に生と死を思い、その循環の中ですべての命があるとしたのかもしれないと思うのです。

　彼らは驚くべき俯瞰の目を持ちながら世界を認識し、自分たち人間の存在を見ていたのかもしれません。だとしたら、マヤ人から学ぶべき点が大いにあるなと考えてしまいます。

『マドリード絵文書』に記されたマヤの宇宙像を、立体的に示して着色したもの。中心には様式化された「生命の木」が描かれ、南東、北東、北西、南西の四隅を基本点として、マヤ暦が記されている。マヤ暦は世界創造のシンボルでもあるが、その時間的な認識が空間的に表されている。

絵文書に残された金星についての詳細な観測記録

『ドレスデン絵文書』より。

金星の動きに要注意！

マヤでは、戦争を行う日を金星の動きから導き出していた。金星は日本では「明けの明星」「宵の明星」といわれる、輝きが一際明るい星。地球・金星・太陽の順に直線上に並ぶ「内合」と、地球・太陽・金星の順に並ぶ「外合」の後に初めて金星が現れたとき、戦争が仕掛けられた。

マヤの宇宙像

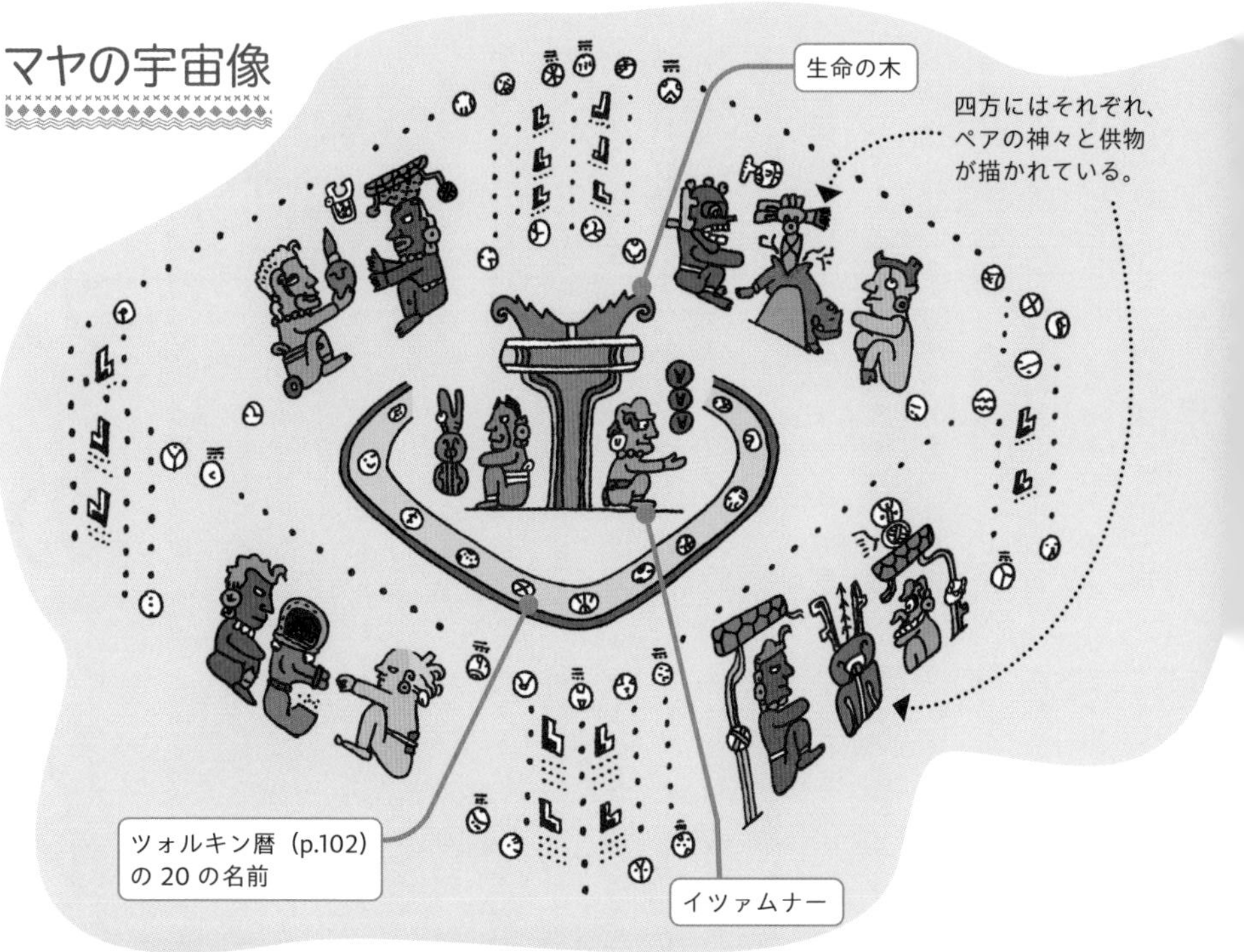
生命の木
四方にはそれぞれ、ペアの神々と供物が描かれている。
ツォルキン暦（p.102）の 20 の名前
イツァムナー

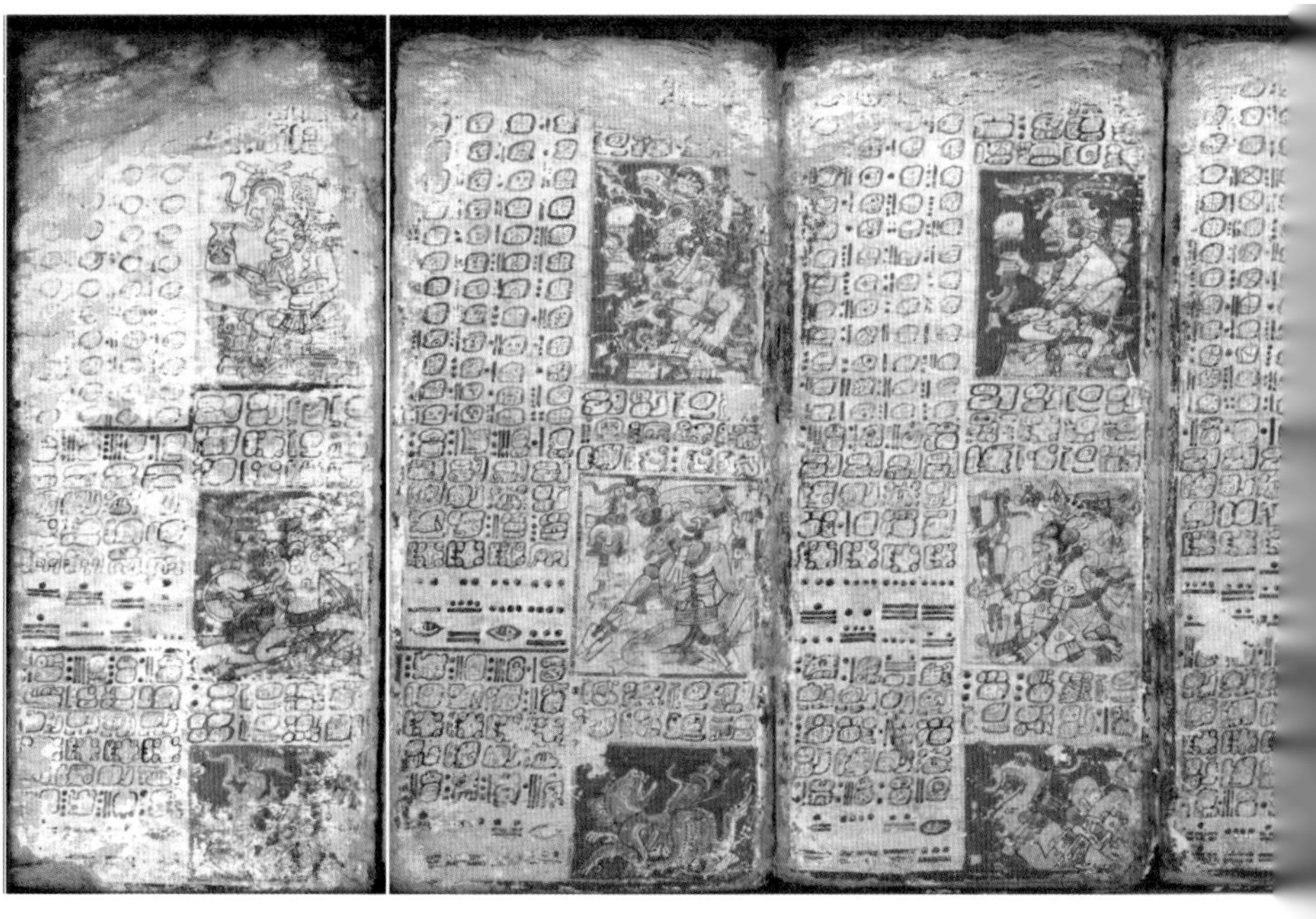

ジャガーの力が必要です

メソアメリカ最強の動物、ジャガー。その力を取り入れたいという願いからさまざまな形で描かれてきました。

遺跡に残された壁画やさまざまな色で彩られた壺絵には、ジャガーの皮を身にまとった王さまや戦士の姿がよく描かれています(40ページ)。ジャガーは密林の獣界の王であり、マヤ文明を含めたメソアメリカで神聖視された動物でした。

食物連鎖の頂点であるジャガーの皮を身にまとうことで自然界の秩序を取り込み、神聖なる獣の王の力を自身に与えようとしたのでしょう。

メキシコ、ゲレロ州にあるオシュトティトラン洞窟には、マヤのシスター文明であるオルメカの様式の壁画が描かれています。そこには、人とジャガーが融合している絵がありました。人間と動物の融合とは現代日本人の感覚では不思議な気がしますが、当時のメソアメリカの人々にとっては自然なことであり、神聖なるジャガーの力を取り込みたいという願いが率直な絵となって表現されたのかもしれません。

一方で、儀式においてジャガーが生贄にされることもありました。より強い存在を神々への贈り物として供え、願いを聞いてもらおうとしたのです。

いずれにしてもジャガーはメソアメリカの人たちにとって、他の動物に代えがたい特別な存在だったということです。

オシュトティトラン洞窟の壁画に描かれた、ジャガーと融合する人の様子。

D. Grove『The Middle Preclassic Period Paintings of Oxtotitlan, Guerrero』(FAMSI) より引用。

さまざまに表現されたジャガーのモチーフ

ラ・ベンタ遺跡から出土した玉座のひとつ。正面には洞窟から現れる王（またはシャーマン）に抱かれる半ジャガー人の子どもが、側面には双子の半ジャガー人の子どもが彫られている。

このようにだらんとした半ジャガー人の赤ちゃんのモチーフはよく見られる。

半ジャガー人と考えられる女性座像石偶（ラ・ベンタ遺跡）。ヒスイ製で表面に辰砂が塗られ、首には鏡のペンダントをつけている。

K. Berrin, V. Fields『Olmec: Colossal Masterworks of Ancient Mexico』をもとに作画。

半ジャガー人もしくはジャガー神の石像（ロス・サルダードス遺跡）。ジャガーが吠えていることを示すへの字形の口が特徴。

『古代メキシコ・オルメカ文明展 マヤへの道』（京都府京都文化博物館）をもとに作画。

球技場の壁に置かれたジャガー神の石彫（テオパンテクアニトラン遺跡）。
両手にトウモロコシ（または花）を持ち、額には4本の発芽した植物が描かれている。

羽毛のヘビ・ククルカン

創造神ククルカンが降臨する神殿を建設し、ククルカンを崇めていました。

マヤの人たちの信仰と驚異的な土木技術力、そして天文学の知識を感じさせる神殿がチチェン・イツァにあります。その名は「エル・カスティーヨ」。別名、羽毛のヘビの神殿ともいいます。

四角錐の神殿には、4面すべてに階段がつけられています。階段はそれぞれ91段ずつあり、4つの階段の合計は364段。これに頂上の1段をつけると、1年の日数と同じ365段になります。

神殿の最大の特徴は、春分と秋分になると現れます。太陽が神殿の上を通るとき、太陽が作り出す影によって、階段のいちばん下に施されたヘビの頭の装飾から、頂上へと長く伸びる胴体部分が浮き出てきて、羽毛のヘビの全体の姿が出現するのです。装飾だったヘビの頭が太陽の力を得て現世界に全身を現す、という仕掛けです。

では羽毛のヘビとはなんなのでしょうか。羽毛のヘビはマヤの言葉でククルカンといいますが、元はメソアメリカ最大の都市にしてマヤの各都市にも多大な影響を与えたテオティワカンのある集団が信仰していた、ケツァルコアトル神であると考えられています。ケツァルコアトル神は農耕や水に関わる神さまとされ、のちに創造神として崇められます。この羽毛のヘビ信仰はマヤ地域にも広がり、古典期の神聖王が衰退した後、信仰の対象として隆盛を誇ったというわけです。

コアトルとはヘビを意味しています。ケツァルは、彩色豊かな美しい羽を持つ貴重な鳥の名前であり、ケツァルコアトル神の使いと考えられていました。ケツァルの羽根は王さまや聖職者のみが身につけられる特別な羽根であり、ケツァルの羽根を頭飾りにした王さまの壁画などが残されています。美しさとともに、ケツァルの力を取り入れようとしていたのかもしれません。

マヤ人が作り出した年に2回の壮大な仕掛けを見るために、現在では世界中から人が集まっています。後世の人たちにとっても心惹きつけられるものを作ったマヤの人たちの発想力に改めて感嘆してしまいます。

ククルカンが降臨する神殿

チチェン・イツァ遺跡の神殿「エル・カスティーヨ」。
春分の日と秋分の日に、ククルカンの姿が現れる。

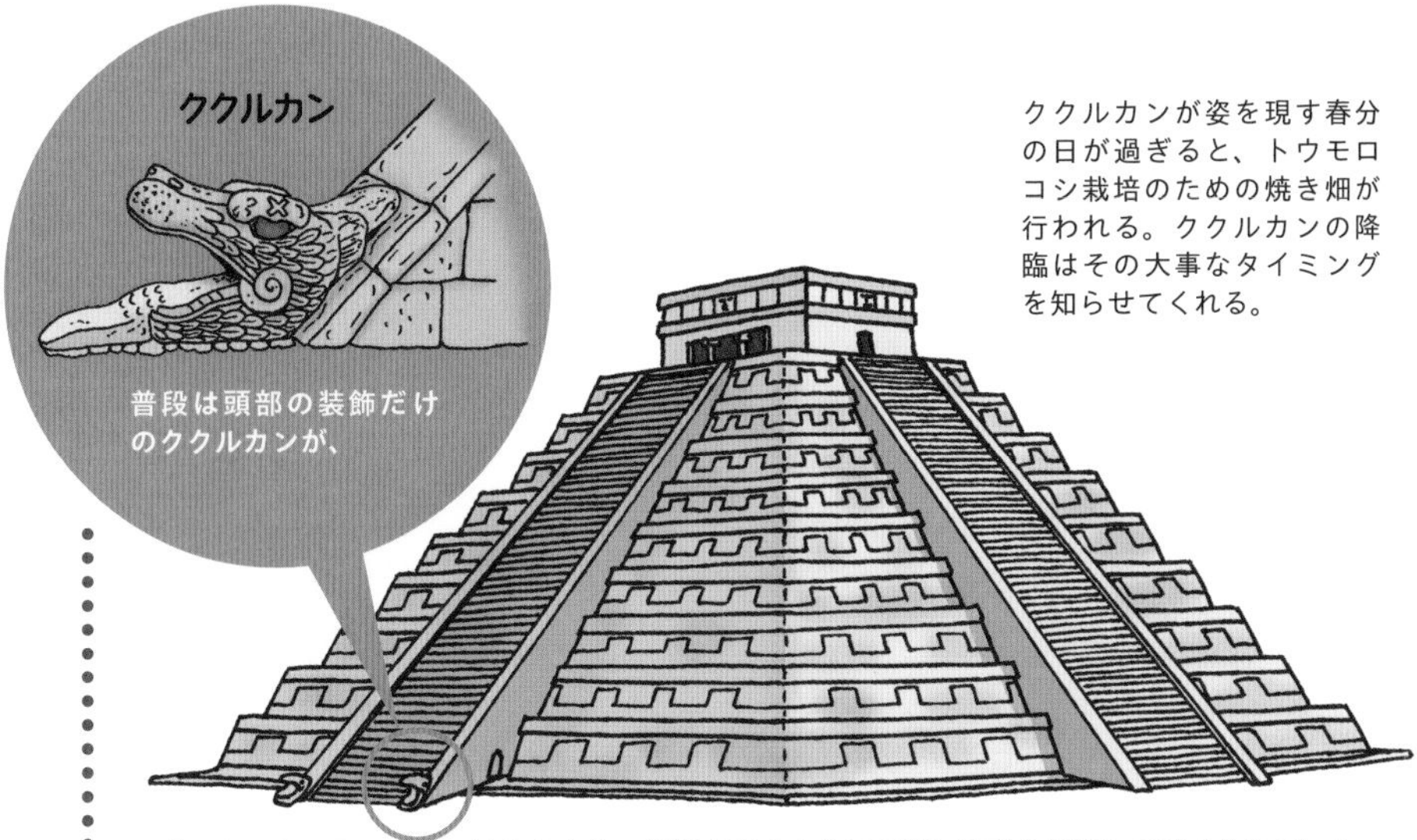
ククルカン
普段は頭部の装飾だけのククルカンが、
ククルカンが姿を現す春分の日が過ぎると、トウモロコシ栽培のための焼き畑が行われる。ククルカンの降臨はその大事なタイミングを知らせてくれる。

「エル・カスティーヨ」はククルカンが姿を表すように正確に角度を計算して建てられている。

春分の日と秋分の日になると、
ククルカンの降臨
全身の姿が現れる！

ケツァルコアトル

テオティワカン遺跡の「ケツァルコアトルの神殿」の壁面の装飾より。

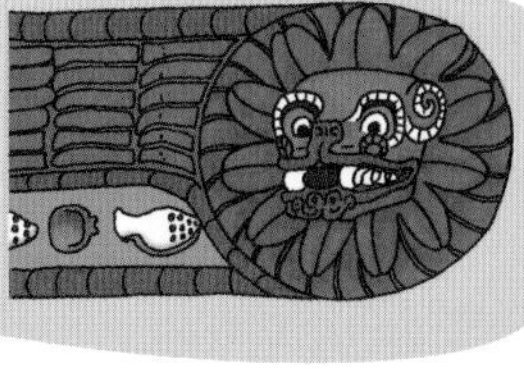

COLUMN

ランダの功罪

本書にも度々登場する『ユカタン事物記』は、スペイン人のキリスト教宣教師ディエゴ・デ・ランダによって書かれました。

その内容は「古代マヤの社会人類学、歴史、エスパニャ人の征服・植民の歴史、およびマヤ文字に関する広汎な記述であり、一六世紀中に書かれたほとんど唯一のマヤ民族誌と言うことができる」と文化人類学者で歴史学者でもあった故増田義郎氏は『ユカタン事物記』の解説の中で書いています。

実際にランダが見た16世紀のマヤの人々の暮らしは生き生きとしていて、それ以前のマヤの人々の習俗を伝える意味で非常に貴重であり、異文化への結節点として大変意義深いのは間違いありません。

一方でランダは、所属しているフランシスコ会のユカタン管区長兼メリダ修道院監督に就任後、キリスト教を普及させようとマヤの人々に苛烈な尋問を繰り広げました。中には自殺者まで出るほどだったといいます。彼はキリスト教以外の土着の信仰を邪教とし、邪教信仰者を厳しく罰したばかりでなく、数多くの偶像やマヤの古代絵文書を焼き払ったのです。布教先の文化、信仰を根絶やしにするキリスト教布教活動のすさまじさを端的に表しているといえます。

ランダの書いた『ユカタン事物記』は後世の人々にとって貴重な資料となる一方で、ランダたちが絵文書を燃やさなければマヤの人たちが書いたものが残っていたかもしれないと思うと、複雑な気持ちになるのは私だけではないはずです。